FRAGMENTOS AUTOBIOGRÁFICOS

THE BEAUTIFUL ONES

PRINCE

FRAGMENTOS AUTOBIOGRÁFICOS

THE BEAUTIFUL ONES

Editado por Dan Piepenbring

ALTA LIFE
EDITORA

Rio de Janeiro, 2020

Fragmentos Autobiográficos – The Beautiful Ones
Copyright © 2021 da Starlin Alta Editora e Consultoria Eireli. ISBN: 978-85-508-1590-9

Translated from original The Beautiful Ones. Copyright © 2019 by NPG Music Publishing LLC. ISBN 978-0-3995-8965-2. This translation is published and sold by permission of Spiegel & Grau, an imprint of Random House, a division of Penguin Random House LLC, New York, the owner of all rights to publish and sell the same. PORTUGUESE language edition published by Starlin Alta Editora e Consultoria Eireli, Copyright © 2021 by Starlin Alta Editora e Consultoria Eireli..

Todos os direitos estão reservados e protegidos por Lei. Nenhuma parte deste livro, sem autorização prévia por escrito da editora, poderá ser reproduzida ou transmitida. A violação dos Direitos Autorais é crime estabelecido na Lei nº 9.610/98 e com punição de acordo com o artigo 184 do Código Penal.

A editora não se responsabiliza pelo conteúdo da obra, formulada exclusivamente pelo(s) autor(es).

Marcas Registradas: Todos os termos mencionados e reconhecidos como Marca Registrada e/ou Comercial são de responsabilidade de seus proprietários. A editora informa não estar associada a nenhum produto e/ou fornecedor apresentado no livro.

Impresso no Brasil — 1ª Edição, 2021 — Edição revisada conforme o Acordo Ortográfico da Língua Portuguesa de 2009.

Gerência Editorial
Anderson Vieira

Gerência Comercial
Daniele Fonseca

Equipe Editorial
Ian Verçosa
Luana Goulart
Maria de Lourdes Borges

Produção Editorial
Editora Alta Books

Produtor Editorial
Thiê Alves

Illysabelle Trajano
Raquel Porto
Rodrigo Dutra
Thales Silva

Equipe de Marketing
Livia Carvalho
Gabriela Carvalho
marketing@altabooks.com.br

Coordenação de Eventos
Viviane Paiva
eventos@altabooks.com.br

Equipe de Design
Larissa Lima
Marcelli Ferreira
Paulo Gomes

Editor de Aquisição
José Rugeri
j.rugeri@altabooks.com.br

Equipe Comercial
Daiana Costa
Daniel Leal
Kaique Luiz
Tairone Oliveira
Vanessa Leite

Tradução
Igor Farias

Copidesque
Carolina Gaio

Revisão Gramatical
Hellen Suzuki
Thaís Pol

Revisão Técnica
José Oscar Mendoza Latorre
Colecionador musical, especialista em pop e rock dos anos 1980

Diagramação
Luisa Maria Gomes

Publique seu livro com a Alta Books. Para mais informações envie um e-mail para autoria@altabooks.com.br

Obra disponível para venda corporativa e/ou personalizada. Para mais informações, fale com projetos@altabooks.com.br

Erratas e arquivos de apoio: No site da editora relatamos, com a devida correção, qualquer erro encontrado em nossos livros, bem como disponibilizamos arquivos de apoio se aplicáveis à obra em questão.

Acesse o site **www.altabooks.com.br** e procure pelo título do livro desejado para ter acesso às erratas, aos arquivos de apoio e/ou a outros conteúdos aplicáveis à obra.

Suporte Técnico: A obra é comercializada na forma em que está, sem direito a suporte técnico ou orientação pessoal/exclusiva ao leitor.

A editora não se responsabiliza pela manutenção, atualização e idioma dos sites referidos pelos autores nesta obra.

Ouvidoria: ouvidoria@altabooks.com.br

Dados Internacionais de Catalogação na Publicação (CIP) de acordo com ISBD

P954t   Prince
           Fragmentos Autobiográficos – The Beautiful Ones / Prince ; traduzido por Igor Farias. - Rio de Janeiro : Alta Books, 2020.
           288 p. : il. ; 16cm x 23cm.

           ISBN 978-85-508-1590-9

           1. Autobiografia. 2. Prince. I. Farias, Igor. II. Título.

2020-337   CDD 920
                                         CDU 929

Elaborado por Vagner Rodolfo da Silva - CRB-8/9410

Rua Viúva Cláudio, 291 — Bairro Industrial do Jacaré
CEP: 20.970-031 — Rio de Janeiro (RJ)
Tels.: (21) 3278-8069 / 3278-8419
www.altabooks.com.br — altabooks@altabooks.com.br
www.facebook.com/altabooks — www.instagram.com/altabooks

Agradecimentos

Este livro não teria sido possível sem a ajuda e o apoio de Angela Aycock, Meron Bekure, Andrea Bruce, Troy Carter, Mengfei Chen, Nicole Counts, John DeLaney, Phaedra Ellis-Lamkins, Richard Elman, Cecil Flores, Julie Grau, Trevor Guy, Rebecca Holzman, Michael Howe, Chris Jackson, Kirk Johnson, London King, Dan Kirschen, Matthew Martin, Alex Mitchell, Tyka e President Nelson, Esther Newberg, Loren Noveck, Vicky Osterweil, Patricia e Julie Piepenbring, Jennifer Raczak, Bobby "Z" Rivkin, David "Z" Rivkin, Rachel Rokicki, P. J. Scott, Natasha Stagg, Duane Tudahl, Laura Van der Veer, Hayden VanEarden, Andrianna Yeatts, Homa Zarghamee e Peter Bravestrong.

Algumas fotos ao longo do livro foram retiradas por questão de direitos autorais, gerando alguns espaços vazios. Isso também acontece na obra original.

Sobre os Autores

PRINCE ROGERS NELSON é um dos artistas mais populares e influentes de todos os tempos. Conhecido pelo estilo único e por sua versatilidade, Prince teve uma prolífica carreira musical, marcada por uma constante evolução, combinando pop, R&B, hip-hop, jazz e soul. Prince vendeu mais de 100 milhões de discos no mundo todo, um número que o coloca entre os artistas mais bem-sucedidos da história. Ele recebeu sete prêmios GRAMMY®, um Globo de Ouro e um Oscar® pelo filme *Purple Rain*. Em 2004, entrou para o Rock and Roll Hall of Fame, no ano em que se tornou elegível. Prince faleceu tragicamente em sua casa, no complexo Paisley Park, em 21 de abril de 2016. Seu legado continua presente nas fortes mensagens de amor de suas músicas e nas inúmeras vidas tocadas pela sua obra.

DAN PIEPENBRING é editor consultivo da revista *The Paris Review* e autor, com Tom O´Neill, do livro *Chaos: Charles Manson, the CIA, and the secret history of the sixties*.

INTRODUÇÃO
3

PARTE I.
THE BEAUTIFUL ONES
49

PARTE II.
FOR YOU
121

PARTE III.
CONTROVERSY
167

PARTE IV.
BABY I'M A STAR
205

NOTAS E
GUIA
DE FOTOS
251

INTRODU-ÇÃO

MINHA ÚLTIMA CONVERSA COM PRINCE

foi em 17 de abril de 2016, um domingo, quatro dias antes de sua morte. Naquela noite, eu já estava deitado quando o celular vibrou e indicou o código de área 952. Ele nunca havia ligado para aquele número, mas eu o reconheci na hora. Peguei papel e caneta e coloquei o carregador na tomada — a bateria estava quase no fim. Mas, como o cabo tinha só 30cm, era impossível ficar de pé. Naquela última conversa, passei o tempo todo encolhido em um canto do quarto, tomando notas em um bloco apoiado no chão.

"Oi, Dan", disse ele. "Aqui é o Prince." Muito já foi escrito sobre o jeito de falar de Prince — um timbre peculiar, cheio e sussurrante, grave e cristalino. Mais do que nunca, esse paradoxo vinha à tona naquela simples apresentação: "Oi, Dan. Aqui é o Prince." Era sua saudação típica. "Só queria dizer que estou bem", falou. "Apesar do que a imprensa anda espalhando. Os jornalistas exageram tudo, você sabe."

Entendi o que ele quis dizer. No mês em que Prince anunciou que estava escrevendo suas memórias, com a colaboração de seu "irmão Dan", cheguei a ver noticiado na imprensa que eu era seu irmão de sangue, mesmo sendo 28 anos mais novo e branco. Mas, naquele momento, as notícias tinham outro teor. Alguns dias antes, o avião de Prince fizera um pouso de emergência, pouco depois de decolar de Atlanta, local de sua última apresentação, uma data da turnê intimista batizada por ele de "Piano & A Microphone". Na ocasião, Prince foi hospitalizado em Moline, no estado de Illinois, para tratar (como divulgado) um caso persistente de gripe.

Poucas horas depois de a notícia sair no site TMZ, Prince, já no complexo Paisley Park (na cidade de Chanhassen, Minnesota), tuitou citando a canção "Controversy" — uma música dele que abre com o verso: "I just can't believe all the things people say" [É difícil de acreditar em tudo o que essa gente fala, em tradução livre]. Mensagem cifrada: ele estava bem. Até foi visto andando de bicicleta por alguns moradores de Chanhassen. Na noite anterior a nossa conversa, deu uma festa em seu estúdio particular e aproveitou para mostrar uma nova guitarra e um piano, ambos roxos. "Sempre esperem alguns dias, economizem as preces", disse aos presentes.

"Fiquei preocupado, mas vi no Twitter que você estava bem", falei. "Gripe é uma doença complicada."

"Tive sintomas de gripe", disse ele — refleti muito sobre esse comentário nos meses seguintes. "Minha voz ficou áspera." Ainda estava assim, como se ele estivesse se recuperando de um resfriado intenso. Mas Prince não queria esticar demais o assunto. Havia ligado para tratar do livro.

"Tenho uma pergunta: você acredita em memória celular?" Era a ideia de que o corpo herda as memórias dos pais — uma experiência hereditária. "Pensei nisso lendo a Bíblia", explicou. "Os pecados do pai. Isso seria possível sem memória celular?"

O conceito também se relacionava à sua vida. "Meu pai teve duas famílias. Fui seu segundo filho, e ele queria ser um pai melhor para mim do que tinha sido para meu irmão. Por isso, era muito metódico, mas minha mãe não gostava disso. Ela era mais espontânea, animada."

Prince queria explicar sua origem a partir da síntese dos seus pais. O conflito que havia entre eles continuava dentro dele. Naquelas brigas, ele ouvia uma estranha harmonia que o inspirava a criar. Ele falava sobre sua mãe e seu pai com grande fascínio e lucidez, destacando que ele era a personificação daqueles momentos de união e desunião do casal.

"Um dos maiores dilemas da minha vida é lidar com isso", disse ele; sentado no chão, eu tomava nota de tudo. "Gosto de ordem, finalidade e verdade. Mas, em um jantar chique, ou outro evento desse tipo, quando o DJ toca um som cheio de funk..."

"Você tem que dançar", falei.

"Isso. Presta atenção nesse som." Prince colocou o telefone perto de um monitor de estúdio e tocou um trecho que soava vigoroso, imponente e bruto, como as músicas que rolavam nas festas privadas de décadas atrás. "Cheio de funk, certo? É do novo disco da Judith Hill. Estou ouvindo pela primeira vez agora."

Ele fez uma pausa. "Temos que encontrar a palavra", disse ele. "Para definir o funk."

A BUSCA PELA PALAVRA

não saía da cabeça de Prince na época. Os shows da turnê Piano & A Microphone eram pontuados por reflexões sobre os fundamentos do funk. "O espaço entre as notas — essa é a parte boa", dizia ele. "Um intervalo longo ou curto, é aí que mora o funk. Ou não." Desenvolver essas ideias foi um dos motivos que o instigaram a escrever um livro.

Prince já havia publicado vários livros de fotos e flertado com a escrita em diversos pontos da carreira, mas a gênese desse projeto se deu no final de 2014, quando sua empresária e advogada Phaedra Ellis-Lamkin estava à procura de um agente literário para ele. Prince escolheu Esther Newberg, da agência ICM Partners. Ela representava seu amigo Harry Belafonte e tinha uma sensibilidade da velha guarda bem interessante para ele, que via nela uma matriarca em uma indústria patriarcal. No início de 2015, Prince aprovou um projeto de livro com suas letras, com introdução e anotações dele. Newberg e seu colega Dan Kirschen apresentaram a proposta para editores muito receptivos, mas a equipe de Prince não fechou nenhum contrato; na maior parte de 2015, seu foco foi a música.

Na segunda quinzena de novembro, Prince voltou ao livro, cheio de entusiasmo. "Ele quer acelerar o projeto", escreveu Ellis-Lamkins a Newberg. Colaborando com Trevor Guy, um assessor de negócios, Prince, Esther e Dan ampliaram o escopo nebuloso do livro. E se, além de letras anotadas, a obra trouxesse rascunhos, fotos e outros materiais inéditos? A palavra *memórias* ainda não estava em jogo, mas Prince queria tocar o projeto o quanto antes. Trevor sugeriu convidar um grupo de editores ao Paisley Park.

O livro coincidiu com uma virada na produção musical de Prince. Depois de três anos viajando pelo mundo com sua fantástica banda 3RDEYEGIRL, ele havia optado por sair sozinho em turnê, acompanhado apenas por um piano. Intimista e versátil, o repertório retratava sua carreira sem as restrições e a pirotecnia dos shows de arena. A um grupo de jornalistas europeus de passagem por Paisley Park, Prince disse que gostava da sensação de subir ao palco sem nenhum artifício, reduzindo suas canções aos componentes essenciais para recriar as obras ao vivo. Ele estava ensaiando noite adentro, tocando sozinho por horas a fio, com o som do piano preenchendo a imensa escuridão do estúdio até encontrar algo que descrevia como "transcendência". Era isso que ele queria compartilhar.

Prince tinha shows marcados na Europa quando os terroristas atacaram o Bataclan, uma casa de espetáculos de Paris onde ele já tocara três vezes. Diante da violência e dos altos preços praticados pelos revendedores de ingressos, resolveu cancelar a turnê. Por que não fazer os shows no Paisley Park? Jogando em casa, ele montaria a produção a um valor mais adequado.

À medida que a visão de Prince para a turnê Piano & A Microphone ficava mais clara, o livro também começava a se definir. Segundo um amigo, várias pessoas queridas e admiradas por ele estavam com problemas de saúde, o que lembrara Prince da sua mortalidade. Mais do que nunca, ele percebia a importância de contar sua história. Em 11 de janeiro de 2016, poucas semanas antes do primeiro show solo, ele convidou três editores para uma reunião no Paisley Park a fim de explicar seus projetos e optar por uma editora. Um encontro com vários editores concorrentes era um evento incomum. Além disso, havia muitos boatos: Prince não se irritava com as perguntas sobre seu passado? Como ele trataria quem falasse palavrão? Expulsaria ou cobraria uma multa para a caixinha? Era verdade que ninguém podia olhá-lo nos olhos?

Logo que Prince chegou, toda a apreensão desapareceu. Ele foi envolvente, focado e até fez comentários pessoais ("Gosto de divagar às vezes", disse). Por duas horas, ele conduziu um debate descontraído sobre seu passado, sua filosofia musical e seus objetivos para o livro. Ele foi direto: queria escrever suas memórias — uma decisão tão recente que até Trevor, que participava da reunião, ficou surpreso. O título seria *The Beautiful Ones*, uma das músicas mais fortes e tocantes de sua carreira.

O foco da narrativa ficaria sobre sua mãe, que fora "a primeira pessoa em que ele reparou" e que nunca recebera o devido crédito pelo papel em seu sucesso. Prince mostrou vários objetos aos editores. Ele havia pedido que Tyka, sua irmã, mandasse fotos antigas da família, com muitas imagens dos seus pais, e uma árvore genealógica. Prince também apresentou o material original criado para a capa do disco *1999*, uma colagem em mosaico representando uma cabine telefônica, uma paisagem urbana futurista e uma mulher nua com uma cabeça de cavalo. Além disso, os presentes viram a primeira versão do roteiro de *Dreams*, que deu origem ao filme *Purple Rain*.

Um dos editores perguntou o que ele pensava sobre o processo de composição. Para Prince, era uma questão de projeção. No material, o autor traça seus novos caminhos. Desde o início, ele escrevia músicas para imaginar — e reimaginar — novas versões de si mesmo. O artista estava em uma evolução constante e mantinha um tipo de simbiose com as pessoas e coisas ao seu redor durante o processo de composição. Sua persona fora criada quase como uma profecia: Prince tinha o poder de se tornar a pessoa que imaginava. Sua vida inteira foi um ato de imaginar, criar e ser. Hoje, construir uma persona é um item irrelevante para o estrelato; para Prince, esse fator era indissociável da sua identidade como artista.

Bem cedo, ele reconhecera o mistério inerente a esse processo e o poder de preservar ou mesmo de obscurecer esse mistério.

"Mistério é uma palavra por um motivo", falou. "Ele tem um propósito." Para Prince, o livro certo adicionaria novas camadas a seu mistério, mesmo se eliminasse algumas. A obra seria uma autobiografia, mas teria uma forma *sui generis*, tão abrangente e versátil quanto o autor. Como nunca fugia de grandes promessas, Prince sugeriu apenas uma orientação formal: aquele devia ser o maior livro de música de todos os tempos.

A reunião não teve uma conclusão oficial. Em dado momento, depois de contar uma piada, Prince se levantou e foi embora, rindo alto. Ele voltou à sala após dez minutos, sem dizer nada sobre sua ausência. Pouco depois, anunciou que estava na hora do jantar e desapareceu novamente. Os editores ficaram animados — um jantar com Prince! — até perceberem que não haviam sido convidados e que ele não voltaria.

POUCO DEPOIS DESSA REUNIÃO,

Prince fez o primeiro show da turnê Piano & A Microphone no complexo Paisley Park, apresentando as ideias que explicara meses antes. A performance incorporava narrativa e reflexão em um repertório que incluía desde canções do seu primeiro álbum (*For You*) até o mais recente (*HITnRUN Phase Two*). Suas intervenções faladas sugeriam o que se passava em sua cabeça na época. Ele estava processando seu passado. Só quando vi a gravação, mais de um ano depois, percebi a ligação do show com as ideias dele para *The Beautiful Ones*.

Naquela noite, assim que se sentou ao piano, Prince iniciou uma regressão, seguindo o fluxo da sua consciência. Ele voltou a ser criança, compartilhando suas primeiras lembranças musicais. "Queria saber tocar piano", disse à plateia, em tom infantil. "Mas não sei. Tudo parece diferente. Três anos — o piano é grande demais para mim. Hmm. Talvez seja melhor assistir à TV." Ele então pulou sobre o piano e simulou que estava comendo pipoca em frente à televisão.

"Papai está vindo. Não posso tocar no piano, mas quero tanto tocar. Papai está indo embora. Ele e a Mamãe estão se divorciando." Em seguida, Prince colocou uma segunda pessoa em cena, como se o pai dele estivesse no local. "Na verdade, estou muito feliz com a partida dele. Tinha só sete anos. Agora posso tocar piano à hora que quiser." Prince executou alguns compassos do tema original do seriado *Batman*.

"Não consigo tocar piano como o Papai", disse ele. "Como ele faz isso? Sabe o que mais... Também quero cantar." Ele acrescentou: "Achava que nunca tocaria como meu pai, e ele sempre me lembrava disso. Mas nossa relação era boa. Ele era meu melhor amigo." Os dois se revezavam tocando "Unchain My Heart", de Ray Charles.

Antes do show, ninguém teria imaginado um comentário tão direto de Prince no palco. Naquela noite, ele tocou "Sometimes I Feel Like a Motherless Child", um *spiritual* tradicional que também era, a seu modo, uma expressão de saudade pelo mundo perdido dos seus pais. Na letra, ele dizia que estava "muito longe de casa. Às vezes, sinto que tudo está acabando".

Mas a expressão de melancolia mais escancarada veio depois. "Vocês têm sonhos lúcidos?", perguntou ao público. "Gosto mais de sonhar agora do que antes. Alguns amigos já se foram, e os vejo nos sonhos. Sinto como se estivessem aqui; em alguns sonhos, parece que estou acordado."

Há algo nessas falas, uma combinação de paz e inquietude, que me entristece. Agora é fácil entender esses comentários, mas eles soam como pensamentos de um homem encantado pela serena Morte, para citar Keats. Depois, ele cantou o primeiro verso de "Sometimes It Snows in April", uma de suas canções mais desoladoras. "Tracy died soon after a long-fought civil war..." [Tracy morreu pouco depois de uma longa guerra civil...]

POUCOS DIAS DEPOIS

do seu primeiro show solo — sem dúvida, a apresentação mais tocante de sua carreira —, Prince escolheu um editor para o seu livro: Chris Jackson, da Spiegel & Grau, um selo da Random House. Ele apreciava seu trabalho no livro de Jay-Z, *Decoded*. Sem perder tempo, convocou Chris, Trevor, Esther (da ICM) e Dan para ajudá-lo a encontrar um coautor. Sua ex-empresária Julia Ramadan já havia dito: "Quando escrever a história da sua vida, não deixe outra pessoa segurar a caneta." Agora, pelo visto, Prince estava disposto a fazer isso. Ninguém, talvez nem ele, sabia ao certo como seria o processo.

Foi nesse ponto que me envolvi no projeto. Meu agente, Dan Kirschen, sabia da minha admiração por Prince há muitos anos. Ele vira o pôster no meu quarto, presenciara minha versão de "Kiss" em um karaokê e assistira aos clipes do filme *Sign o' the Times* que eu havia mostrado. Mesmo assim, quando Dan mencionou que tinha sido agraciado com a missão de procurar um coautor, acho que não estava preparado para uma sessão tão abjeta de súplicas por uma chance. Ele topou me colocar na lista, mas foi curto e grosso: a probabilidade de eu conseguir o trabalho estava entre a de ganhar na loteria e a de sobreviver a um meteoro. Primeiro, até então, eu havia publicado zero livros. Na época, eu editava a *Paris Review* e não sabia se Prince já havia lido ou mesmo ouvido falar dessa revista literária — sem dúvida, seu álbum menos vendido tinha um público maior do que a *Review*. Além disso, eu tinha 29 anos. Os outros candidatos ao projeto eram mais experientes, e alguns tinham mais anos como fãs de Prince do que eu tinha de vida. Isso tudo fazia de mim o azarão absoluto.

Mas, quando a ICM e a Random House apresentaram vários candidatos de alto nível, Prince rejeitou todos. Ele costumava ler resenhas amadoras dos seus shows, principalmente os textos mais inflamados que os fãs postavam no Twitter ou em blogs. Para ele, esse era o tipo de pessoa que merecia o trabalho. Apesar da inexperiência, ele podia inspirar esses autores e, em troca, ser inspirado.

Segundo um assessor, Prince abordava o processo de escrita por um ângulo musical: ele queria um parceiro de improvisação, alguém com quem pudesse se abrir e organizar sua história como uma música ou álbum. Se houvesse essa ligação, ele preferia um novato dedicado a um veterano. Claro, os editores se recusariam a contratar um adolescente fanático por Prince se o currículo dele só tivesse uma resenha de show publicada em um blog. Fiel a seus princípios, ele devolveu a lista de possíveis coautores com todos os nomes riscados, menos dois; entre eles, o meu. Eram os únicos autores que nunca haviam publicado livros.

Dan disse que Prince estava com meu número agora. Uma ligação chegaria a qualquer momento do dia ou da noite. Comecei a dormir com o telefone ao lado do travesseiro, o toque definido no volume máximo. Treinei minha saudação até eliminar todos os vestígios de exaltação identificáveis na voz. Meu objetivo era parecer o mais indiferente possível. "Alô, Prince. Tudo bem, Prince? Ah, é o Prince?! Oi! Que bom que você ligou."

Mas a ligação nunca veio. Pouco depois, Trevor propôs um teste. Cada candidato tinha que enviar um texto a Prince explicando sua ligação com a música dele e por que era a pessoa certa para o serviço. Enviei meu texto às 20h30 da mesma noite.

Chamar meu texto de bajulação seria um eufemismo. Se pudesse, reescreveria alguns trechos, mas, de fato, nunca quis mostrá-lo para ninguém além dele. Esta é uma passagem do texto:

Sempre que ouço Prince, tenho a sensação de infringir uma lei... Na minha primeira volta de carro por Baltimore, liguei o rádio e ouvi um homem cantando sobre sua vontade de ser mulher, expondo esse desejo psicossexual, visceral, de entender melhor sua namorada — isso abriu mundos na minha cabeça. "For you naked I would dance a ballet" [Eu dançaria balé para você nua]. Nunca tinha ouvido uma música tão sensível, singular, verdadeira e *perigosa*. Achava que a qualquer momento seria parado pela polícia por escutá-la com tanta atenção...

Se Prince quer escrever um livro, posso ajudá-lo a colocar sua voz na página. Considero esse projeto uma extensão da sua produção musical — não é uma obra de jornalismo nem uma entrevista, mas uma oportunidade de criar uma nova conexão com o público e muito mais. Talvez alguém pergunte: ele não é evasivo demais, não vai fugir do texto? Existe a ideia de que a não ficção destrói o mistério do autor — mas, se bem feita, só o aprofunda. Desde o primeiro encontro com Prince, nas ondas de rádio de Baltimore, reconheci nele um narrador fora de série, um indivíduo original, transcendental e iluminado: ajudá-lo a contar suas histórias em um novo formato será uma honra sem igual.

A resposta de Trevor chegou em menos de 12 horas, às 2h23 da manhã. "Dan Piepenbring está disponível para uma reunião com PRN (Prince Roger Nelson) no Paisley Park, na noite de sexta-feira (amanhã)?", escreveu ele a Dan e Esther.

Dan, acostumado a ser contatado de Paisley a qualquer horário, leu a mensagem e ficou dando voltas pelo apartamento até o sol nascer. Depois, começou a ligar para me acordar. Gritei. Ele gritou. Na manhã seguinte, no dia 29 de janeiro, embarquei em um avião para Minneapolis.

EM ENTREVISTA PARA A OPRAH, EM 1996,

Prince explicou por que resolveu ficar em Minnesota apesar de a maioria dos colegas ter optado por viver no litoral: "É tão frio que afasta gente ruim." Naturalmente, uma camada de neve encobria o solo quando aterrissei. Mas notei que não faltava só gente ruim — quase não havia ninguém.

Kim Pratt, motorista de Prince, foi me buscar no aeroporto em um grande SUV preto Escalade, usando um diamante de plástico do tamanho de uma bola de tênis. "Às vezes você tem que aumentar a dose", disse ela.

Faltavam algumas horas para a reunião no Paisley Park — ninguém sabia o horário exato —, então Kim me deixou no hotel Country Inn & Suites de Chanhassen, que era praticamente uma franquia de Paisley. Um assessor de Prince me disse que morou lá por muitos anos e até quebrou a bicicleta reclinada da academia do hotel. Aparentemente, o valor que Prince pagou pelas diárias daria para ter comprado quatro estabelecimentos.

Fiquei "de sobreaviso" até segunda ordem. Tive a sensação de entrar na longa e distinta fila de pessoas que esperavam por Prince, sentadas em quartos do mesmo hotel, talvez naquele mesmo quarto, surtando em silêncio, como eu. Liguei a TV. Desliguei a TV. Tomei um chá de menta. Da janela do quarto, via telhas manchadas de sol, um pinheiro e uma escada desativada. Sabendo que fotos eram proibidas em Paisley, registrei essa visão.

Por volta das 18h30, Kim mandou uma mensagem para me avisar que estava indo me buscar. P — como era conhecido na biosfera de Paisley — estava pronto para me receber.

Como o sol já havia se posto, meu primeiro contato com Paisley foi no breu. Do lado de fora, o complexo é tão banal que chega a ser desconcertante. Ao chegar de carro com Kim, notei que o local estava iluminado por arandelas roxas; parecia a sede regional de um fornecedor do setor de defesa ou o showroom de um fabricante de produtos de plástico coextrusado. Não havia quase nada ao redor — nunca compreendi esse isolamento. Confessei a Kim meu nervosismo, disse que meu coração estava a mil. Ela riu.

"Tudo vai dar certo", disse ela, estacionando em frente ao complexo.

Minha mão direita estava congelada. Antecipando o iminente aperto de mão de Prince, sentei em cima dela para aquecê-la.

"Ele é um amor. Você vai ver", disse Kim. "Na verdade, acho que vai ser agora — ele está ali na porta."

Era isso mesmo. Prince estava sozinho na porta da frente de Paisley Park, pronto para se apresentar.

"Dan. Muito prazer. Sou Prince." A voz dele transbordava calma e era mais grave do que eu imaginava.

No vestíbulo, as luzes estavam fracas, e, embora os preparativos para o show da noite estivessem em andamento a menos de 30m — em poucas horas, Judith Hill se apresentaria no estúdio de Paisley, seguida por Morris Day and the Time —, aquela parte do complexo estava vazia. O silêncio era perturbado apenas pelo arrulho dos pombos, presos em uma gaiola no segundo andar. Velas aromáticas tremeluziam nos cantos; sua essência doce envolvia a sala. Prince vestia uma blusa drapeada folgada em tons terrosos, calças da mesma cor, um colete verde e colares de miçangas. Seu penteado black estava debaixo de um gorro verde-oliva. Seus tênis preferidos nos últimos anos, brancos, do tipo plataforma com solas luminosas de Lucite, emitiam um brilho vermelho enquanto ele me guiava por um pequeno lance de escadas e uma passagem suspensa até a sala de conferências.

"Você está com fome?", perguntou.

"Não, tudo bem", falei, embora não tivesse comido nada desde aquela manhã. "Que pena", disse Prince. "Estou faminto."

Senti um mal-estar. Havíamos trocado menos de dez palavras e já estávamos fora de sintonia.

Na sala de conferências, seu símbolo característico estampava uma longa mesa de vidro. Nos fundos, havia um sofá em formato de coração ao lado de uma samambaia. No teto abobadado, um mural ilustrado com uma nebulosa roxa cercada por teclas de piano. Prince ocupou a cabeceira da mesa e me disse para sentar ao lado dele — ele sempre dava alguma instrução, como ficaria claro para mim depois. "Sente-se aqui." Ele passava a impressão de alguém habituado a coreografar o espaço ao seu redor.

"O cheiro é muito bom", falei.

"Sim, eu gosto de velas", disse Prince.

Antes de tudo: eu estava com uma cópia do meu texto? Ele queria analisá-lo a dois. Eu não tinha, mas podia ler o texto no celular se ele quisesse. Vasculhei o bolso, com receio de já estar perdendo a linha. Eu sabia que Prince não era um grande fã de celulares. Mas a tela do meu estava rachada, e assim eu esperava ganhar a simpatia dele. Pigarreei antes de começar: "Sempre que ouço Prince, tenho a sensação de infringir uma lei."

"Ok, tenho uma intervenção a fazer", disse Prince. "Por que você escreveu isso?"

Na hora, pensei que talvez ele tivesse me chamado até Minneapolis só para dizer que eu não entendia nada da obra dele.

"Minha música não infringe a lei, para mim", disse ele. "Eu componho dentro da harmonia. Sempre vivi em harmonia — desse jeito." Ele apontou para a sala. "As velas." Prince perguntou se eu já tinha ouvido falar sobre o intervalo do diabo, o trítono: uma combinação de notas que criava uma dissonância soturna, ameaçadora. Prince associou isso ao Led Zeppelin. Esse tipo de rock da banda, um som áspero calcado no blues, quebrava as regras da harmonia. A voz cortante de Robert Plant — *isso* soava como uma infração legal para o pequeno Prince. Não as músicas que ele e seus amigos faziam. Prince estava falando sério, até mesmo de um jeito sisudo. Tentei fazer uma piada sobre algumas músicas serem delitos menores e outras, crimes capitais. Ele não moveu nenhum músculo facial.

Ok. Foi um balde de água fria logo no início. Atrás daquele semblante de esfinge, eu sentia sua desconfiança. Tentei me acalmar fazendo o máximo possível de contato visual. Embora a pele do seu rosto fosse suave e brilhante, seus olhos traíam sinais de cansaço. Ia e vinha, mas estava lá: um desânimo, uma inquietação passageira.

Continuei lendo. Para meu alívio, diferentemente das primeiras linhas, ele foi mais receptivo ao resto do texto. Conversamos bastante sobre vocabulário. Prince tinha ideias muito precisas sobre as palavras que estavam dentro da sua esfera ou não. "Certas palavras não me descrevem", disse ele. Alguns termos que circulavam no mundo dos críticos brancos revelavam uma total falta de conhecimento sobre ele. Na verdade, todos os livros sobre ele estavam errados, porque empregavam esses termos. *Alchemy* era um deles. Quando os autores atribuíam a mística da alquimia à música dele, ignoravam o significado literal da palavra, a arte oculta de transformar metal em ouro. Ele nunca faria algo desse tipo. Seu objeto era a harmonia.

Ele dedicava uma cólera especial à palavra *mágica*. E eu tinha escrito algo do gênero no texto.

"O funk é o oposto da mágica", disse ele. "A essência do funk está nas regras." Era humano, resultado de trabalho e suor — nada de mágica.

Ele disse que gostara de "algumas coisas" que eu havia escrito: suas origens, a necessidade de corrigir a narrativa, encontrar uma voz, preservar o mistério. Agora, ele queria saber do processo. O que havia em comum entre escrever um livro e produzir um álbum? Percebi que seu objetivo era aprender: aplicar a mesma diligência, habilidade e técnica que empregara para dominar um monte de instrumentos. Prince queria conhecer as regras para saber o momento de transgredi-las.

Nesse ponto, o clima da conversa, que durou cerca de 90 minutos, ficou mais leve e começamos a nos divertir. Os papos com Prince, como eu estava percebendo, eram fluxos discursivos. Os assuntos vinham à tona, submergiam após um ou dois minutos e voltavam à superfície cinco minutos depois. Invariavelmente, falávamos sobre alguns tópicos: Deus, amor, a questão racial nos Estados Unidos, a ambiguidade da indústria musical, a natureza fugaz da criatividade, tecnologia e passado.

Ele disse que não queria mais mexer com música nem gravar discos. "Não suporto mais tocar guitarra; no momento é assim. Gosto de piano, mas odeio até pensar em tocar guitarra." O que ele realmente queria fazer era escrever. "Quero escrever muitos livros. Está tudo aqui", disse ele, apontando para a têmpora. Por isso, Prince queria conversar com autores e trabalhar com uma editora. "Quero que o meu primeiro livro seja melhor que o meu primeiro álbum. Gosto do meu primeiro disco, mas..." Ele fez uma pausa. "Sou muito mais inteligente agora."

Na verdade, ele tinha tantas ideias para o primeiro livro que não sabia nem por onde começar. Uma possibilidade era descrever cenas da infância e alterná-las com momentos mais atuais. Outra opção consistia em escrever uma obra inteira sobre a dinâmica interna da indústria musical. Mas o foco principal também poderia recair sobre a mãe: articular o papel dela em sua vida.

E ainda havia a questão do tom. Prince tinha uma voz cômica muito sofisticada e sempre tendia à comédia. Por outro lado, ele não queria algo frívolo demais. O livro deveria surpreender — provocar, motivar os leitores. No melhor cenário, teria algum tipo de valor cultural. "Quero uma obra que circule de amigo para amigo; você já viu *Acordar para a Vida*?" (Um filme surreal de Richard Linklater, lançado em 2001.) Eu disse que sim. "Você não mostra ele pra todos os seus amigos, só aos mais chegados." Para ele, a autobiografia de Miles Davis e *Black Like Me*, de John Howard Griffin, eram referências ideais.

Antes de tudo, o livro era uma oportunidade de controlar a narrativa da própria vida. Ele disse que, certa vez, uma ex-funcionária apareceu na TV dizendo que havia recebido de Deus a missão de preservar e proteger o material inédito guardado na sua sala de arquivos de áudio e vídeo, Vault.* "Isso não parece um caso de polícia", disse ele. "Não é racismo?" As pessoas estavam sempre o colocando — ele e todos os artistas negros — em uma posição vulnerável, como se fosse incapaz de cuidar de si mesmo. "Ainda tenho que escovar meus dentes."

Além disso, ele queria refutar sua imagem de "maníaco egoísta", que se deliciava em esconder as pérolas do seu catálogo das massas indignas dessa regalia. Considere "Extraloveable", por exemplo — uma canção lançada em 2011, mas que já circulava em bootlegs e gravações piratas desde os anos 1980. "Ela não foi lançada nos anos 1980 porque não estava pronta. Se eu não lanço uma faixa, é porque ela não está pronta."

Uma boa narrativa talvez o colocasse em um novo contexto musical. Ele mencionou um autor que o comparou a Bruce Springsteen. "Por quê? Ninguém tem nenhum dos discos dele aqui. Ninguém o ouve. Eu não. É o mesmo que me compararem com Billy Joel. Por que não me comparam com Sly Stone?" O inverso também ocorria. Toda semana, os jornalistas da área comparavam um novo músico a Prince. "Eles não compõem, não produzem nem tocam em todas as faixas — muitos desses jovens não têm habilidade técnica." Isso indicava falta de imaginação, um raciocínio limitado. Agora, os músicos só podiam ser como outros músicos; a imprensa não compreendia nada mais obscuro. Prince lembrou-se de Santana e do marketing específico que a banda promoveu no final dos anos 1960 e na década de 1970 — a

---

* "Vault" era uma sala cofre com gravações, registros e arquivos de áudio e vídeo inéditos. Sobras de sessões de álbuns, gravações de shows, ensaios e passagens de som de toda a carreira do Prince.

forma como se vestiam, suas composições. "Não vejo nada assim hoje. Por que não me comparam com o Santana?"

Para ele, a culpa pela situação tenebrosa da música podia ser atribuída à Apple, por ter imposto um modelo de distribuição que desvalorizava os artistas, e às gravadoras, que insistiam em um modelo de negócios obsoleto. Ele queria dedicar um capítulo a essas duas questões e mostrar como os executivos das gravadoras eram alienados. Pouco tempo atrás, ele tocara para um amigo uma música de Betty Davis, uma cantora de funk que teve um breve casamento com Miles Davis. Embora fosse muito bem informado, esse amigo nunca tinha ouvido falar dela. "Esse é um bom exemplo de negligência musical, de como as gravadoras estão deixando esse legado apodrecer por não saber como distribuí-lo ou mantê-lo vivo." Para captar o problema, basta olhar a casa de Jimmy Iovine, disse ele. Iovine, um dos players mais influentes e ricos da indústria, "contrata um cara só para cuidar dos controles remotos dele. Checar as baterias, o funcionamento". Prince o imitou: "'Ei, passa lá em casa!' Com certeza."

Ele notou que meu celular ainda estava sobre a mesa da sala de conferências, e sua confiança vacilou por um momento. "Essa coisa não está ligada, está?"

"Não", falei, tirando o aparelho da mesa. E não estava mesmo. Embora não tivesse proibido expressamente, não tentei gravar nem fazer anotações. (Assim que voltei para o hotel, reconstruí o máximo possível da conversa; só fiz citações diretas nos pontos de extrema certeza, em que reproduzi integralmente suas observações.)

Quando a conversa voltou para questões de distribuição e propriedade, percebi que a disputa de Prince com a Warner Bros. continuava sendo um dos traumas centrais da sua vida, uma lente pela qual ele abordava questões que envolviam raça, posse e criatividade. Colaborando com sua advogada Ellis-Lamkins, ele recentemente havia recuperado suas gravações originais, uma vitória que marcara o início da sua fase mais livre. Todos os artistas devem deter seus direitos autorais, disse, especialmente os artistas negros. Ele viu nesse episódio uma oportunidade de combater o racismo. A posse dos fonogramas originais traria riqueza às comunidades negras. E esse patrimônio seria protegido quando contratassem sua segurança, fundassem suas escolas e estabelecessem vínculos regidos pelos seus termos.

A indústria havia isolado a música negra desde o início, apontou. Os artistas negros eram promovidos para a "base negra" e, em seguida, se capturassem esse segmento, tentavam fazer a "travessia". A Billboard desenvolvera métodos totalmente desnecessários para quantificar essa divisão e continuava fazendo isso até aquele momento, embora as "paradas negras" agora estivessem disfarçadas de eufemismos como "R&B/Hip-Hop".

"Por que a Warner Bros. nunca pensou que eu poderia ser presidente da gravadora?" A empresa nunca achou que ele era capaz de comandar sua própria operação. "Quero dizer isto em uma reunião com executivos de grandes gravadoras: 'Ok, vocês são racistas.' Como você se sentiria se ouvisse isso de mim?" Ele me lançou um olhar com uma intensidade ardente que surgia sempre que falava sobre o tratamento dispensado pela indústria fonográfica aos artistas negros.

"Podemos escrever um livro que resolva o racismo?", perguntou ele.

Antes que eu dissesse sim ou, pelo menos, "podemos tentar", Prince veio com outra pergunta: "Para você, o que significa racismo?" Este era um dos talentos retóricos dele — uma objetividade súbita e espontânea que forçava o interlocutor a responder perguntas, em geral, pesadas demais para uma conversa casual. Lembro que achei o questionamento bem direto e instigante. Então, percebi que devia responder.

Depois de gaguejar um pouco, expressei algo parecido com a definição de racismo no dicionário: a prática de discriminação e opressão com base na ideia de que uma outra raça é inferior — incluindo todas as suas manifestações estruturais, sistêmicas e institucionais. Não sei o que ele achou; ele só assentiu vagamente. Talvez o conceito estivesse tecnicamente correto, mas era fraco, uma resposta premeditada e segura que caberia em uma entrevista de emprego com alguém que não fosse o Prince. Ele podia ter ouvido uma resposta semelhante da Siri. Para que o livro resolvesse o racismo, uma descrição clínica não seria suficiente.

Prince compartilhou algumas de suas primeiras lembranças de racismo em Minneapolis. Quando criança, seu melhor amigo era judeu. "Ele parecia muito com você", disse ele. Um dia, alguém atirou uma pedra no garoto — o primeiro ato racista de que Prince se lembrava. Como North Minneapolis era uma comunidade negra, foi só um pouco depois, quando ele e outras crianças do bairro passaram a pegar o ônibus para frequentar uma escola primária majoritariamente branca, que Prince sentiu o racismo na pele. Ele não achava que o Minnesota daquela época era mais esclarecido do que o Alabama segregacionista e comentou a experiência em um tom sarcástico na canção "The Sacrifice of Victor", lançada em 1992.

"Na escola, os outros alunos eram todos ricos", disse ele. "E ninguém me queria lá." Quando um deles o chamou de *nigger* [injúria racial bastante ofensiva nos EUA], Prince lhe deu um soco. "Me senti obrigado. Felizmente, o cara fugiu chorando. Mas e se houvesse uma briga — onde ela terminaria? Onde ela deveria terminar? Como saber o momento de brigar?"

Essas questões ficavam ainda mais complexas quando o racismo se expressava de formas sutis e disfarçadas. "Por exemplo, o tal do All Lives Matter [Todas as Vidas Importam]. Percebeu a ironia?", falou, citando o slogan contrário ao Black Lives Matter [Vidas Negras Importam], que, na época, estava em alta. Concordei; deturpava totalmente o significado.

"Francamente, acho que você não está preparado para escrever o livro", disse Prince. Ele achava que eu precisava me inteirar mais sobre o racismo

— vivenciá-lo. Voltando ao vocabulário, ele falou sobre o hip-hop e como o estilo transformava as palavras. O hip-hop pegava a linguagem dos brancos — "o seu idioma" — e fazia algo que os brancos não entendiam. Ele citou Miles Davis, para quem só existiam duas categorias lógicas: a verdade e a baboseira dos brancos.

No entanto, pouco depois, quando falávamos sobre as várias formas de domínio que a indústria exercia sobre os artistas, falei algo que o cativou. Questionei o interesse dele em publicar um livro, uma vez que o modelo da indústria musical baseava-se no do mercado editorial. Contratos, adiantamentos, royalties, divisão de receita, direitos autorais: grande parte das inveteradas práticas de propriedade intelectual que ele tanto detestava nas gravadoras havia se originado nas editoras. O rosto dele se iluminou. "Consigo me ver escrevendo isso", disse ele, fingindo que digitava em um teclado. "'Você deve estar se perguntando por que estou trabalhando com...'"

Tudo isso talvez responda a uma pergunta que sempre ouço desde aquele dia: por que Prince me escolheu? Não sei. Nunca saberei. Em nenhum momento ele disse claramente por que achava que devíamos trabalhar juntos. Ao final dessa primeira conversa, eu ainda não sabia como proceder com ele. Tinha a sensação de que nossa relação começara com um diálogo tenso, mas evoluíra para algo agradável e flexível. Foi o tipo de conversa que se esticaria pela noite toda, abordando vários temas em flashes. Foi uma entrevista no sentido mais puro da palavra, uma troca de ideias. A conversa já durava mais de uma hora quando ele fez uma pequena pausa.

"Você sabe que horas são?", perguntou.

A essa altura, o clima na sala estava tão magnético que imaginei que a pergunta fosse retórica. Não era. Ele realmente queria saber o horário. Chequei meu telefone e lhe disse. O show estava prestes a começar no estúdio — era hora de encerrar a reunião. Ele desapareceu por um momento para ligar para a motorista, que, aparentemente, já estava esperando.

"Tudo bem", disse ele, quando voltou. "Eu mesmo vou te levar."

Saímos da sala de conferências e entramos no elevador em que, menos de três meses depois, ele seria encontrado morto. Naquele momento, isso era impossível de imaginar. Animado, gingando na ponta dos pés, ele continuava expressando seu desejo de escrever muitos livros enquanto apertava o botão do térreo. "Você me empolgou com esse papo sobre a indústria", disse ele. "Mas ainda estou pensando em escrever sobre a minha mãe."

O elevador se abriu para um porão mal iluminado. Mal tive tempo de ler a palavra *Vault* pintada ao lado de uma porta, pois Prince logo me conduziu até a garagem. Ele caminhava a passos bruscos rumo a um Lincoln MKT preto, mas pelo caminho vi várias motocicletas e carros, incluindo uma limusine e um possível Cadillac dourado.

Ao subir no banco do passageiro, notei um monte de notas de 20 dólares soltas no porta-copos. Prince abriu o portão eletrônico da garagem e saímos para o estacionamento principal de Paisley, agora bem mais cheio do que na minha chegada. "Parece que estão começando a aparecer", disse ele, como se espiasse por uma fresta nas cortinas, pouco antes do show. Achei que ele estava bem animado; parecia que a sensação de organizar um evento não tinha perdido a intensidade com o tempo. Havia algumas pessoas no estacionamento, mas ninguém percebeu que Prince estava passando por lá; não houve gestos nem acenos.

Ao sair de Paisley, ele pisou fundo e retomou suas meditações sobre a distribuição: quem controla a propriedade intelectual e quem ganha dinheiro com isso. "Diga a Esther [Newberg, da ICM] e à Random House que eu quero ser dono do meu livro. Você e eu vamos ser proprietários, levaremos a obra para todos os canais de distribuição." Para ele, só precisávamos da interferência deles no processo editorial até certo ponto. Era necessário ter um processo baseado na confiança e na responsabilidade entre os autores. "Você não conta o meu dinheiro; eu não conto o seu."

"Seja qual for a sua decisão, sempre que você quiser falar sobre suas ideias, ficarei feliz em ouvir e colaborar", falei.

"Gostei do seu estilo", disse ele. "Você só precisa avaliar se eu usaria cada palavra. Por exemplo, eu nunca usaria *mágica*. Mágica é a palavra de Michael", disse ele. (Michael era Michael Jackson, a quem Prince só se referia pelo primeiro nome.) "Essa é a essência da música dele."

Essa era a deixa perfeita para a pergunta mais óbvia: qual é a essência da sua música? Mas não a fiz. Eu estava absorto na realidade de ocupar um automóvel com Prince no banco do motorista. Sua postura, por exemplo: aprumado. Sinalização de conversões: impecável. Mas ele não havia criticado essa romantização exaltada alguns minutos antes? Prince dissera que escovava os dentes todos os dias. Por que ele não seria um excelente motorista? Achar que tudo ao redor dele estava permeado de surrealismo era o mesmo que acreditar em algum tipo de mágica.

Em frente ao pórtico do Country Inn, ele estacionou o carro e continuamos a conversa. "Nunca liguei pra raça, de certa forma. Sempre tentei ser legal com todo mundo", disse ele. Prince só reconhecia essa objetividade em poucos contemporâneos brancos, mesmo entre os que o celebravam por isso. DeRay McKesson, ativista do movimento Black Lives Matter, havia participado recentemente do programa *Late Show*, de Stephen Colbert. Durante a entrevista, o apresentador trocara de lugar com o convidado, e McKesson se sentou na cadeira do entrevistador. "Esse cara está tentando entender", disse Prince, referindo-se a Colbert. "Letterman nunca teria feito isso. Está na hora de ele passar a bola. Muita gente na indústria musical tem que passar a bola." Para vender e divulgar o livro, Prince queria lidar apenas com os Colberts, pois eles entendiam que suas táticas comerciais, por mais inusitadas que fossem, promoviam o empoderamento e a igualdade.

"Muita gente diz que o sujeito tem, primeiro, que aprender a andar pra só depois correr. Isso é papo de escravo. É algo que os escravos diriam."

Dito isso, ele me agradeceu pelo tempo, me deu um aperto de mão firme e me deixou em frente à porta automática do Country Inn & Suites.

CERCA DE UMA HORA DEPOIS,

após um surto frenético de anotações intercaladas por danças de celebração e golpes de karatê, eu estava voltando para Paisley. Meron Bekure, assistente de Prince, veio me buscar. Sem saber, ela reforçou minha impressão sobre a autonomia de Prince: embora tivesse reservado meu voo, ela não fazia ideia do que eu estava fazendo lá.

"Então, você é... jornalista?", perguntou ela. "Veio até aqui para fazer uma entrevista?"

Quando disse que Prince planejava escrever um livro, ela pareceu surpresa. Mas não deu tempo de explicar melhor a situação, pois logo chegamos ao estacionamento de Paisley, agora cheio de carros. Meron me conduziu por uma entrada lateral, passando por um segurança e por um grupo de convivas que curtiam o show de Judith Hill. O estúdio era incrivelmente grande, e eu não sabia como esse local se ligava à parte do complexo onde ocorrera minha reunião com Prince mais cedo — a vastidão desse labirinto só estava começando a se apresentar.

Não vi nenhum sinal de Prince, mas ele deve ter me visto. Alguns minutos depois da minha chegada, um homem grande vestindo um paletó com estampa de caxemira me deu um tapinha no ombro. Era Kirk Johnson, amigo e guarda-costas de Prince e gerente de infraestrutura do Paisley Park.

"Dan?", perguntou ele. "Prince gostaria que você viesse ao camarote VIP." Naturalmente, lá estava ele: estirado discretamente em um sofá em uma plataforma nos fundos, vestido com mais elegância do que antes. Ele apontou para um assento perto dele.

O som estava alto; Prince se aproximou. "O que você está achando do show?" Ele apontou para um guitarrista. "Tony Maiden. Guitarrista do Rufus. Aprendi a tocar guitarra base com ele. Eu o vi mais cedo e lhe dei um grande abraço. Foi como abraçar um professor do ensino fundamental."

Hill terminou o set. Pouco depois, a banda Morris Day and the Time subiu ao palco: ternos em cores berrantes, espelho dourado e tudo mais.

"Vamos tocar uma lenta agora", disse Day à plateia antes de "Girl". "Aposto que ninguém sabia que a banda *tinha* músicas lentas. Será que alguém se lembra dessa?" Prince se aproximou novamente: "*Eu* lembro."

Durante "Ice Cream Castles", ele fez uma cara de quem estava ouvindo uma piada batida: "Ninguém nem está *tentando* cantar."

Mais tarde, Day lembrou que "aquela limusine amarela — sabe, a de *Purple Rain*. Acho que está em algum lugar no porão".

Prince se aproximou de novo e sussurrou: "Não está."

Durante "The Walk" — outra composição sua —, Prince tocou o que só posso descrever como o air bass mais preciso que já vi. Se alguém tivesse colocado um baixo de verdade nas mãos dele, tenho certeza de que a execução seria perfeita; ele teria acertado cada nota.

Nesse ínterim, ele também brincou com o público e me trouxe uma garrafa de água. Porém, já no final do set, Prince saiu rapidamente da plataforma e desapareceu sem se despedir. À medida que o local esvaziava, percebi que ele não voltaria — e que talvez nossa experiência tivesse chegado ao fim. Foi uma noite excelente, mas eu não sabia se havia conseguido o trabalho. Além disso, não tinha ideia de como voltaria para o hotel. Um grupo de mulheres se aproximou de mim com um bilhete dobrado.

"Você pode entregar para ele?"

Tentei explicar da melhor forma possível. "Pra ser sincero, não sei se vamos nos ver novamente."

Elas ficaram intrigadas. "Tudo bem. Também não sabemos." Uma delas colocou o bilhete na minha mão: uma breve expressão de admiração eterna, com nomes, e-mails e telefones.

Fui atrás de Meron, mas acabei sendo interceptado por Kirk, que veio com outra mensagem: "Ele disse que se divertiu com a conversa e que ligará para você em breve." Também lhe entreguei o bilhete das mulheres.

Pouco depois de me deixar no Country Inn, Meron ligou para dizer que Prince entraria em contato muito em breve — ligaria para o meu quarto ainda naquela noite. Já eram 2h30 da manhã. "Qual é o número do quarto?", perguntou ela. Fui até o corredor para confirmar: 255. Quando desligamos, vi que havia fechado a porta só na trava. No tempo de ir até a porta e trancá-la, perdi uma ligação dela no celular. Mandei uma mensagem: "O que foi?" Sem resposta. Fiquei acordado até amanhecer, mas Prince não ligou naquela noite.

NO DIA SEGUINTE, À TARDE,

por volta das 16h, depois de me deliciar em uma excelente franquia gastronômica de Chanhassen, eu estava na calçada em frente ao Country Inn quando o vi novamente: Prince, ao volante do seu Lincoln MKT, saindo do estacionamento do hotel, seu penteado black desproporcionalmente grande na janela do motorista. Observei enquanto ele esperava em um sinal em frente a um banco, perto de um monte de neve suja. Por alguma razão, aquele flagrante cotidiano era ainda mais estranho do que estar com ele. O que Prince estava fazendo? Entrevistando outro autor ou se divertindo um pouco no fim de semana? Então, pensei que talvez ele tivesse ligado para o meu quarto e agora estivesse dando uma volta para ver se me achava.

Quando voltei para o quarto, vi um e-mail enviado por Trevor com um link de Prince: um pequeno vídeo no Facebook sobre como o Teste da Boneca permanecia atual — famoso experimento em que várias crianças (inclusive negras) associavam uma boneca branca à bondade, gentileza e beleza e uma boneca negra à maldade, crueldade e feiura. "Por que essa boneca é feia?", perguntava o pesquisador a uma criança negra no vídeo. "Porque ela é negra", respondia a criança. O vídeo trazia uma legenda: ALGO ESTÁ MUITO ERRADO EM NOSSAS VIDAS.

Eu já havia me conformado com a ideia de passar a noite de sábado sozinho em Chanhassen quando Meron mandou uma mensagem anunciando novos planos. Ocorreria uma festa em Paisley e, depois, a exibição de um filme. Ela ficou de passar para me pegar.

Como vi depois, a festa era só para funcionários: Meron, Trevor, dois membros do 3RDEYEGIRL e dois músicos do projeto mais recente de Prince, o baixista MonoNeon e o saxofonista Adrian Crutchfield. Em um pequeno tablado, cercado por sofás e velas, estava a DJ Kiss, que havia operado as pickups no show da noite anterior; ela estava tocando discos para apenas sete pessoas em uma sala de teto alto ao lado do estúdio. Havia uma elaborada mesa de frutas no local. Na parede, um mural com jazzistas negros da era do disco *The Rainbow Children*; no chão, um enorme tapete preto com o símbolo do site *NPG Music Club*; às vezes, tropeçávamos em uma das letras que já estavam se desfazendo. Um grande símbolo ⚥ prateado pairava, suspenso no teto. No parapeito da escada, havia uma grade de ventilação de um carro antigo, a mesma que aparece na capa do disco *Sign o' the Times*. E, mais impressionante, duas enormes telas de projeção exibiam o filme *Barbarella* continuamente. Versões gêmeas de Jane Fonda, com 10m de altura, desfilavam por um planeta distante em apertados trajes futuristas.

Circulavam boatos de que Prince talvez viesse para a pista de dança, por assim dizer, mas ele não apareceu. Na verdade, foi Meron quem deu uma saidinha e voltou trazendo nossos casacos, anunciando que estava na hora do filme.

"Pensei que o filme era esse", disse eu, apontando para uma das Jane Fondas que estavam se contorcendo.

"Ah, não!", disse ela. "Vamos ver *Kung Fu Panda 3*."

Ao que tudo indicava, Prince promovia regularmente sessões fechadas em horários alternativos no Chanhassen Cinema, que ficava nas proximidades. Fomos até dois carros e encontramos um solitário atendente no estacionamento vazio, pronto para abrir a porta.

Prince chegou logo depois do início do filme e se sentou na última fila.

"Meron", perguntou ele, "será que tem pipoca?". Ela saiu para buscar. Vimos o panda animado comer muitos bolinhos e banir os malfeitores para o Reino dos Espíritos. Ouvi algumas risadas de Prince. Enquanto os créditos rolavam, ele se levantou sem dizer nada, desceu as escadas e saiu do cinema; seus tênis emitiam um laser vermelho na escuridão.

MUITOS ASSISTENTES DE PRINCE CONTAM A MESMA HISTÓRIA:

não havia contrato oficial. Prince só dizia para a pessoa aparecer novamente, e ela aparecia.

Eu chegara de Minneapolis há dois dias quando Phaedra Ellis-Lamkins informou aos agentes da ICM que Prince levaria a turnê Piano & A Microphone para a Austrália. Se estivesse tudo ok com a Random House, ele queria minha companhia no primeiro trecho, até Melbourne. Com sua humildade natural, Prince disse ao *Sydney Morning Herald* que os shows seriam o "parto de uma nova galáxia todas as noites". A turnê começaria na semana seguinte. Fiz as malas e disse ao meu chefe que precisava de uma semana para testemunhar o nascimento de, pelo menos, duas galáxias.

Cheguei a Melbourne em 16 de fevereiro, data do primeiro show de Prince no State Theatre. Kirk, hospedado no quarto ao lado no hotel Crown Towers, disse que eu receberia uma ligação de Peter Bravestrong, o pseudônimo favorito de Prince, para, pelo visto, viajar incógnito. Algum tempo depois, em Paisley, eu observaria que até a bagagem dele estava marcada com o nome "Peter Bravestrong". Gostei desse pseudônimo óbvio e desafiadoramente fictício. Essa comicidade pop seguia a linha dos seus alter egos anteriores: Jamie Starr, Alexander Nevermind, Joey Coco. Dá para imaginar esses personagens formando um grupo de combate ao crime em uma cidade sombria, pontuada por letreiros de neon.

Meu quarto tinha uma vista majestosa para o rio Yarra e suas pontes, uma paisagem ornamentada com lanternas de papel vermelhas para o Ano Novo Lunar. Por volta de 12h30, a tela do telefone sobre a mesa de cabeceira se iluminou: MR PETER BRAVESTRONG.

"Oi, Dan. Aqui é o Prince."

"Olá! Como vai?"

"Já estive melhor. Acabei de receber uma notícia triste." Eu havia notado. Perguntei qual era o problema.

"É que, bem, não quero lidar com isso agora", disse ele. "Agora vou me preparar para o show de hoje à noite. Vamos conversar amanhã?"

"Claro. Por mim, tudo bem."

Ele se animou um pouco. "Tenho um monte de coisas para te mostrar."

"Perfeito, quero muito conferir esse material", disse eu.

"Ok, vamos nos ver no show de hoje. Até lá."

Pesquisei "Prince" no Google e encontrei vários sites de notícias informando a morte de Denise Matthews, mais conhecida como Vanity, aos 57 anos — a idade dele. No início dos anos 1980, eles tiveram um romance, e Prince a colocou à frente do grupo Vanity 6. Estava tudo certo para ela atuar em *Purple Rain*, mas o relacionamento acabou antes.

A morte de Vanity abalou Prince e marcou aquele show, o primeiro da turnê Piano & A Microphone, no State Theatre. O cenário tinha algo de ritual, mesmo que ele não curtisse referências ao ocultismo. Longas fileiras de velas cintilavam pelo piano, a luz do teto projetava uma névoa aveludada, e as reproduções de fractais porejavam e fluíam em uma tela ao fundo. Sentado ao piano, esperou os aplausos silenciarem e disse: "Acabei de saber que uma pessoa muito querida faleceu. Dedico esta música a ela." Então, tocou uma versão de "Little Red Corvette" com "Dirty Mind".

Depois, durante "The Ladder" — escrita com seu pai —, Prince improvisou parte da letra: "He had a subject named Vanity. He loved her with a passion uncontested. But one day her smile went away" [Seu assunto era Vanity. Sua paixão por ela era indiscutível. Mas um dia seu sorriso se foi].

O show foi um acalento. Ele sugeria algo de invernal ou insular, que me lembrava um grupo de pessoas unidas em bloco contra o frio. Foi intenso vê-lo tão sozinho, decifrando suas canções no calor do momento. A força que o motivara a excluir o baixo de "When Doves Cry" anos atrás também animou-o durante essas apresentações, destacando seu talento para a desconstrução e permitindo que a plateia visse cada elemento de sua música. Às vezes, ele pulava e se afastava do piano, como se estivesse assustado. Sem dúvida, havia um jogo cênico, mas a verdade também estava ali.

"Sou novo nisso de show solo", disse ele, ao final da apresentação. "Agradeço a todos pela paciência. Estou tentando manter o foco — o clima está um pouco pesado para mim hoje à noite." Ele fez uma pausa antes de emendar a próxima canção: "The Beautiful Ones."

"Ela conhece essa", disse ele.

NO DIA SEGUINTE,

revigorado por uma boa dose de cafeína e aquele café da manhã de hotel que oferece um suprimento diário de calorias em uma só refeição, acompanhei Kirk até a suíte de Peter Bravestrong; Prince estava se ocultando no quarto. Os dois tiveram uma conversa particular, e acabei não o vendo naquela tarde. Kirk apontou uma mesa na sala principal, onde havia um bloco de anotações da Office Depot com cerca de 30 páginas escritas em uma letra caótica, cheias de rasuras e correções.

"Ele quer que você leia isso", disse Kirk. "Depois, vai conversar com você." Eu podia anotar as perguntas em um bloco de papel do hotel que estava lá. Depois disso, Kirk saiu — a cada meia hora, mais ou menos, ele voltava para checar como iam as coisas.

As poucas pessoas que viram essas páginas costumam fazer a mesma pergunta: como eu consegui ler o texto? A caligrafia de Prince era linda, fluindo como se saísse dele quase que involuntariamente, como sua música. Mas também era quase ilegível.

Mas, quando Prince está em um quarto a poucos metros de distância — dava para ouvir a TV e, de vez em quando, passos — esperando seu comentário, depois de trazê-lo do outro lado do mundo até ali só para isso, você aprende a ler a caligrafia dele bem rápido. No final das contas, o texto parecia aqueles jogos de ilusão de ótica. Era só fixar o olhar no papel por um tempo, e as palavras começavam a se formar.

E eram boas palavras: os primeiros capítulos das suas memórias.

Apesar de ter escrito à mão, Prince usou suas reduções características, precursoras do internetês, que aperfeiçoara nos anos 1980: 👁 para I [eu], U para you [você], R para are [são, estão] e assim por diante. Apreensivo, eu previa um atrito futuro entre o autor e a editora — já até ouvia o telefonema tenso em que algum figurão tentaria convencer Prince de que só os fãs mais devotos aguentariam ler centenas de páginas com 2s e Cs. O que significava N? Estranhamente, depois da primeira página, comecei a curtir. A princípio, soava distante e bizarro, mas logo consegui ouvir a voz dele.

Eu não esperava nenhum texto de Prince, muito menos um tão contundente. As páginas eram afáveis, engraçadas, eloquentes e bem comentadas. Fiquei perplexo. Em comparação com o nível de dispersão das nossas conversas, a voz nas páginas era surpreendentemente focada. Esse era o Prince narrador, cujo estilo lembrava suas canções mais parecidas com relatos, como "The Ballad of Dorothy Parker", "Raspberry Beret" e a inédita "Coco Boys".

O texto descrevia sua infância e adolescência em Minneapolis, começando pela primeira lembrança: sua mãe piscando para ele. Folheando as páginas, encontrei muitas histórias sobre o início da vida de Prince, todas sinestésicas, quase táteis. Ele se lembrava das camisas do seu pai de que mais gostava, da forma como seus pais competiam em questões de vestimenta. Evocava seu primeiro beijo, brincando de casinha com uma vizinha. Descrevia as crises de epilepsia da infância. Pensei que ele evitaria detalhes mais explícitos — como havia parado de tocar os hits mais pesados —, mas seu desenvolvimento sexual recebia muito destaque. Seus primeiros amassos com uma garota; seu primeiro filme para adultos; uma namorada que fechou seu armário na escola com um baque ("como em um filme de John Hughes"), segurou um visco sobre a sua cabeça e lhe deu um beijo; estava tudo lá, intercalado com sua filosofia musical. "A boa balada é aquela que te deixa no clima para fazer amor", escreveu ele.

Anotei algumas perguntas e elogios no bloco, pegando leve no tom — um sermão podia me mandar de volta para os EUA mais cedo. Depois que terminei de ler, Kirk me acompanhou de volta ao meu quarto e disse que Peter Bravestrong estava esperando minha ligação.

"E aí, o que você achou?", perguntou Prince ao atender.

"O texto é bom. Sinceramente, ele é muito bom. Não estou dizendo isso só para massagear seu ego."

"Essa é uma missão quase impossível", disse ele, rindo.

Abordamos alguns pontos que eu não havia compreendido e que ele podia contextualizar melhor para o leitor. Prince pediu minha orientação para elaborar melhor o contexto e organizar a sequência dos eventos descritos.

"Da perspectiva do compositor, alguns detalhes não parecem relevantes", explicou ele. Prince também receava que certos trechos incomodassem alguns leitores, especialmente um sobre a religião excessiva da sua tia. "Pode ficar — qual é a palavra? — controverso. Talvez seja bom gerar controvérsias, não sei."

Confirmei que isso, sem sombra de dúvida, era bom — afinal, ele até já tinha escrito uma canção chamada "Controversy". Pensei no tempo que ele levara para escrever o texto. Prince só havia fechado com um editor, um coautor e um conceito no mês anterior. O contrato ainda nem fora assinado. Mas o texto, já bastante polido, parecia ter surgido da noite para o dia. Um tempo depois, uma amiga me diria que Prince ficou tão animado que leu trechos para ela por telefone.

"Que tal você ligar para a Random House?", disse ele. "Diga que precisamos de dinheiro para divulgar e começar a pré-venda — isso vai acelerar as coisas. Já estou me empolgando com isso." Eu também estava. Sua apatia do dia anterior havia se dissipado totalmente.

"Em todo caso, obrigado por ter vindo", disse ele.

"Ah, tudo bem", falei automaticamente. Não pedi para Prince explicar por que eu pegara um voo de 23 horas só para ter uma reunião por telefone com ele.

Felizmente, mais surpresas me aguardavam. Naquela noite, voltei ao State Theatre para o segundo show da turnê Piano & A Microphone. Atento ao formato, Prince mudou o set list e incluiu novas histórias na apresentação. Ele lembrou o fascínio que sentia ao ver a mão direita do seu pai tocando piano — do seu desejo angustiante de reproduzir isso — e da vida interior cultivada desde a infância, em contraponto ao ritmo de North Minneapolis. Nas intermináveis manhãs de domingo, ele tinha que ir à igreja e, depois, à padaria. "Os boatos são verdadeiros. Os cultos das igrejas negras duram muito tempo." Ele se lembrava da pergunta: "Já chegamos?" Prince queria saber se já estava em casa, onde assistiria ao filme *O Mágico de Oz* e tentaria descobrir por que gostava tanto da canção "Over the Rainbow".

"Eu estudava meu pai e minha mãe", disse ele. "Se você sabe de onde vem e que horas são, chegará aonde quiser."

Após o show, Kirk me mandou uma mensagem. Prince queria que eu fosse a uma festa depois da apresentação, no Aria, um bar à beira-rio. Lá, encontrei uma galera bem de vida já ocupando o local, iluminado em roxo na ocasião. A fila dobrava a esquina. O interior do bar era adornado com lustres de cristal falso e, em cima do balcão, havia uma série com três fotos iguais de um Red Bull com vodka. Às 23h30, o espaço gerava a energia tensa e promissora de uma festa de Ano-Novo iminente, apesar do risco de que, neste caso, a meia-noite — ou seja, Prince — talvez nunca chegasse.

Cerca de 90 minutos depois, Prince entrou pela porta dos fundos — seu visual monárquico incrementado pela bengala — e me chamou da área VIP.

"Eu estava em outro clima essa noite", disse Prince, quando perguntei suas impressões sobre o show. Ele se sentia mais feliz, menos sensibilizado. Sentamos em um sofá de veludo, diante de uma bandeja de mármore com morangos cobertos de chocolate, sob a vigilância de Kirk; os promoters do show estavam do outro lado do sofá. Prince administrou bem a tarefa razoavelmente complexa de conversar com todos ao mesmo tempo, enquanto, com certa dose de indiferença, balançava a cabeça ao ritmo dos Ohio Players e animava um pouco o público.

"Gostei de ouvir 'Purple Music'", disse eu. Era uma faixa inédita de 1982, sempre em alta rotação entre os colecionadores — e, por coincidência, a que eu mais ouvia desde que fiquei sabendo da minha indicação como coautor do livro.

Prince assentiu. Ele parecia contente por eu ter reconhecido a canção. "Foi a primeira vez que toquei essa música ao vivo", disse ele. "Ouvi dizer que gravaram. Talvez eu a lance."

Mas essa receptividade não se aplicava a todas as músicas dele. Quando o DJ colocou "Head", uma das suas canções mais obscenas, Prince mandou tirá-la imediatamente. Depois, quis tratar de negócios. Sentou-se e segurou a bengala com as duas mãos. Ele estava usando luvas de couro pretas estampadas com seu símbolo.

"Você já conversou com o pessoal da Random House?"

Eu disse que havia informado à editora sobre o texto dele.

"Agora, você tem poder", disse ele. "Só precisa dominá-lo. Aqui, existe apenas você, eu e eles. Seu objetivo é convencê-los a apostar todas as fichas em mim. Mesmo se for por pouco tempo. Não quero que o livro seja publicado como uma obra de poesia."

"Não vai", disse eu. "Talvez você ache que o mercado editorial é meio paradão..."

"Não mais", disse ele. Prince fixou o olhar em mim. "Confio em você. Diga a eles que eu confio em você."

Fiquei impressionado e atordoado. Parecia que eu tinha entrado na vida de outra pessoa, e que, cedo ou tarde, uma providência cósmica devolveria as coisas a seu estado normal. Comi um morango coberto de chocolate.

"Vou ler suas anotações e abordar cada ponto. Arranje um estenógrafo", disse ele. "Prefiro uma mulher. Ou você mesmo pode digitar. Pode ficar com o texto. Confio em você com o material."

Ele saiu e dançou um pouco com a galera; depois, voltou para a área VIP. Após trocar sussurros e sorrisos com Kirk, Prince apontou para uma mulher que usava um vestido com estampa de leopardo: "Kirk quer que você pegue o telefone da Garota Leopardo." Ele tocou novamente no assunto alguns minutos depois. "Você não que ir lá pra fora, dançar com a Garota Leopardo? Você é casado?"

A confiança é uma coisa estranha, pensei. Prince havia me entregado as primeiras e únicas páginas que escrevera sobre sua vida, mas nem ao menos sabia se eu era casado. Fiquei comovido. Talvez fosse imprudente, mas, para analisar os antecedentes de alguém, ele só precisava de uma conversa longa e honesta.

Por volta das três da manhã, saímos do Aria pela cozinha. Na garagem de serviço, havia um SUV da Audi. Prince e eu sentamos no banco de trás e atravessamos a quieta madrugada de Melbourne. Depois do volume implacável da música e da gritaria do bar, aquele silêncio era bem-vindo; concluí que não valia a pena quebrá-lo com nenhum comentário. Pela janela, Prince olhava as lojas fechadas, as ruas vazias. Tive a sensação de que éramos as únicas pessoas na cidade.

"Podemos fazer uma promoção com ingressos de ouro", disse ele, depois de alguns minutos de silêncio. "Incluir um prêmio no livro — talvez fazer um show para o vencedor. Deixar o vencedor contar a história dele."

Ele parecia exausto, mas não conseguia desligar sua mente. Estava sempre trabalhando: a promoção do projeto, a recepção do projeto no mundo, eram coisas paralelas para ele. Prince falava tanto sobre o marketing do livro quanto sobre a escrita, sempre com um empreendedorismo sagaz e disposto a experimentar que me lembrava mais do dono de uma pequena empresa do que um astro mundial.

O carro entrou no Crown Towers por um acesso VIP que percorria o subsolo do hotel até uma área secreta com elevadores subterrâneos. Claro, esses locais existiam; claro, isso nunca havia passado pela minha cabeça. No elevador, fomos recebidos por um porteiro.

"Não vou deixar você se perder", disse Kirk enquanto subíamos. Ali, o silêncio era ainda mais pesado.

"Gosto da tranquilidade dos hotéis a essa hora", disse eu. "Os corredores longos, o carpete, ninguém por perto. Vagar pelos salões dos hotéis tarde da noite dá uma sensação estranha e interessante."

Prince deu um sorriso malandro: "Já fiz isso muitas vezes."

NA SEXTA,

combinamos que Prince me daria o que Kirk chamava de "as ferramentas necessárias". Ele me conduziu novamente à suíte de Peter Bravestrong — a sua "villa", segundo o branding do Crown Towers —, e a simples entrega que eu havia imaginado se transformou em uma conversa de duas horas, a mais profunda e franca que tivemos. Prince, vestindo uma blusa larga estampada com seu rosto e cabelo black em tons de arco-íris, apontou a mesa em que eu tinha lido o texto dele. Alguns pacotes de redes de cabelo jaziam por lá. "Sente-se aqui", disse ele, trazendo caneta e papel. Prince me orientou a tomar notas e, durante a conversa, até indicou expressamente o que eu deveria escrever algumas vezes.

Ele me perguntou qual seria o melhor começo para o livro: uma história já no meio da narrativa ou o início de tudo. Era possível colocar uma história na capa, se fosse o caso. O texto abriria com a voz dele ou a minha? Eu disse que achava mais simples começar pelo início — a abertura que ele escolhera era adorável: os olhos da mãe.

"A música cura", disse ele. "Anote isso primeiro." Este seria o princípio da obra. "A música cria união."

Depois, analisamos cada página do seu texto e as minhas anotações, e conversamos sobre a vida dele em geral. Durante o papo, Prince, com uma animação que eu nunca vira, começou a improvisar planos para as possíveis formas do livro, seu conteúdo, sua mensagem. Desde nossa conversa em Paisley, suas ambições haviam crescido exponencialmente — o que era impressionante, pois ele já começara querendo acabar com o racismo. "O livro deve ser o manual da comunidade brilhante: parte autobiografia, parte biografia", disse ele. "Deve ensinar que aquilo que você cria pertence a você. Deve dizer: 'Com respeito, podemos ir mais longe.'" Prince se lembrou de "um cara da comunidade dez vezes mais inteligente" do que ele, mas não queria identificá-lo no livro. "E se *ele* tivesse tido as oportunidades que as filhas de Bush tiveram?" Era nossa missão ajudar as pessoas, especialmente os jovens artistas negros, a reconhecerem seu poder e sua autonomia.

Gostei da ideia de tratar as memórias dele como um manual. Era perfeito para ampliar o alcance da obra, adicionando outra dimensão à narrativa. Além disso, atribuía uma nova camada semântica ao título (*The Beautiful Ones*), que passava a indicar uma comunidade de criadores — a canção trazia os versos: "Paint a perfect picture/bring to life a vision in one's mind..." [Pinte uma imagem perfeita/dê vida à visão em sua mente...] Bem, desconsidere o verso seguinte: Always smash the picture [Sempre destrua a imagem].

"Preserve o que você faz", disse Prince, mais de uma vez. "Fiquei em Minneapolis porque foi Minneapolis que me criou. Você tem que retribuir. Meu pai veio para Minneapolis de Cotton Valley, na Louisiana. Ele teve que aprender a gestão de recursos nas condições mais adversas. É disso que fala 'Black Muse': como prosperar nos bairros centrais", disse ele, referindo-se à canção do seu último álbum, *HITnRUN Phase Two*. "Como impedir a desapropriação."

Ele queria que os leitores soubessem da Black Wall Street, uma iniciativa da comunidade negra que surgiu em Tulsa, no estado de Oklahoma, no início do século XX. Após a Guerra Civil, os negros libertos se concentraram na próspera Tulsa e compraram terras lá. Com a pressão da política de segregação, eles acabaram confluindo para o bairro de Greenwood, onde, com talento e recursos, fundaram uma comunidade bem-sucedida. Em pouco tempo, Greenwood passou a abrigar centenas de empresas cujos donos eram negros, além de quase 20 igrejas, uma escola e uma biblioteca pública. Esse foi um dos primeiros e mais importantes exemplos de prosperidade negra nos Estados Unidos. "É incrível", disse Prince. "A acumulação de riqueza. Adoro ler sobre a Guerra Civil e essa acumulação, quando o Sul ficou mais rico do que a Grã-Bretanha." Então, ocorreu o massacre racial de Tulsa, em 1921: após acusações de que um garoto negro havia estuprado uma garota branca, milhares de brancos armados e cheios de ódio jogaram querosene em Greenwood e incendiaram seus quarteirões, saqueando o bairro inteiro. Centenas morreram; milhares perderam suas casas. A Black Wall Street foi dizimada.

"Você já leu *A Nascente*?", perguntou. "O que achou?" Eu disse que não havia gostado — não tinha paciência para o objetivismo de Ayn Rand nem para os adeptos contemporâneos da teoria, com sua devoção pitoresca ao livre mercado e a um individualismo absoluto. Prince concordou, embora reconhecesse o poder de atração dessa filosofia. "Assisti ao filme, antigo, em preto e branco. No final, o personagem fala sobre queimar o prédio e as plantas." Esse era um momento crucial da filosofia randiana: "Nenhum trabalho é coletivo", zomba o personagem Howard Roark. Prince estava apreensivo com o fato de o hip-hop estar sendo influenciado por ideias como as de Rand, que celebravam um egoísmo cruel em detrimento do espírito de comunidade.

"O livro tem que falar com os aristocratas", disse ele. "Não só com os fãs. Vamos desmontar, tijolo por tijolo, *A Nascente*, a Bíblia do aristocrata. É um emaranhado de problemas. Basicamente, seu objetivo é eliminar o paraíso. E a supremacia branca? O que isso tem em comum com o objetivismo? É satânica? Promove o bem maior? Temos que atacar a noção de supremacia como um todo." Para ele, a pureza do significado original da palavra havia sido deturpada. "Havia *bandas* chamadas Supremes! A supremacia parte da ideia de que tudo floresce, tudo cresce."

Por isso, ele queria incluir a minha voz no livro: uma defesa radical da propriedade coletiva, da criatividade negra, não podia ser uma obra individual. "Quando digo: '*Purple Rain* é minha', soa... como Kanye." Ele fez uma pausa. "Que considero um amigo." Mas, em geral, essas declarações de propriedade eram lidas como narcisismo. Seu efeito ficava mais intenso na voz de outras pessoas. "*Você* deve dizer que *Purple Rain* é minha", disse ele — Prince ainda se surpreendia com opiniões que contestavam isso. "Quando alguém diz: 'Eu controlo *Purple Rain*', parece uma heresia."

Para viabilizar isso, Prince queria criar dispositivos formais que destacariam o livro dos demais, uma simbiose entre as palavras dele e as minhas, a escrita dele em um estado de fluxo. "Seria ótimo se as nossas vozes se misturassem perto do final", disse ele. "No começo, elas estão separadas mas, no fim, os dois escrevem juntos." Quando abordamos o trecho que descrevia suas crises de epilepsia na infância, disse ele: "Só estou improvisando aqui. As convulsões podem ser uma forma de misturar as vozes. Apagões. 'Aí vem outro apagão.'"

Fiquei animado. Estávamos criando uma obra única, um livro de memórias que desafiava as convenções. Prince já estava pensando na capa. Sua nova foto de passaporte havia viralizado. Naturalmente: com seus lábios suavemente contraídos, um delineador perfeito, cada pelo do bigode tratado com esmero, Prince parecia estar desafiando as autoridades do mundo inteiro a beijá-lo em vez de carimbar o documento. "Pedi a Meron — você conhece a Meron, não? — para que essa foto ficasse mesmo no meu passaporte. Ela disse: 'Consegui.' Então, tuitei a imagem, e ela apareceu na CNN e na revista *Time*. Talvez seja uma boa ideia colocá-la na capa", brincou ele. "Junto com as informações e materiais. O livro tem que ser estranho."

Uma forte energia positiva pairava na sala. Muitas risadas. A sensação era de que o livro surpreenderia as pessoas. "Cá entre nós", disse Prince. "É bom ser controverso." Essa foi uma virada confiante em relação aos comentários de alguns dias atrás. "Nosso encontro se deu por causa disso. Houve um processo de eliminação. É preciso ter personalidade para não se opor ao que estou tentando fazer. Você conhece bem mais palavras do que eu. Escreva como se quisesse ganhar o Pulitzer e então..." Ele gesticulou, simulando que batia com o prêmio Pulitzer sobre a mesa. Fazendo uma comparação com Norman Mailer e suas tentativas de entender Muhammad Ali,

Prince disse: "Vejo claramente que você é como os críticos de rock dos anos 1960. Só precisa ativar seu terceiro olho. É bom ver que está disposto a mergulhar de cabeça. Vão fazer muitas perguntas por aí."

Ele arrancou metade das páginas escritas no bloco e as entregou para mim, pedindo que eu escrevesse mais — sobre qualquer tema. "Vou continuar fazendo as minhas coisas, mas você está com um bom material. Fiquei muito empolgado com isso." Ele se levantou, e caminhamos até a porta da Villa Bravestrong.

"Achei excelente", disse ele. "Agora compreendo bem melhor o que precisamos fazer. Fale com Chris e o pessoal da Random House e me mantenha informado."

Ele me deu um abraço de despedida. "Voltamos a conversar em breve."

Quando vi, estava com o nariz no cabelo dele, sentindo seu perfume. Certo, era impossível *não* sentir o perfume dele, mas agora o odor havia passado para mim — fiquei o resto do dia sentindo aquela fragrância, tentando processar tudo o que ele havia dito. Não sei descrever esse aroma; não sei se tinha toques sutis de canela ou algo assim. Era *dele*, a essência dele, sua propriedade aromática. Lá estava eu, nos confins do mundo com o cheiro de Prince. O quê? Como? Isso me lembrou do primeiro verso da canção "Mountains": "Once upon a time, in a land called fantasy..." [Era uma vez, em um lugar chamado fantasia...]

Eu já sabia que Prince tinha muitos protegidos, mas nunca havia pensado no porquê disso. Ele tinha um talento sobrenatural e, no aspecto mais cínico, uma grande facilidade para atrair mulheres. Mas muitos músicos brilhantes não apadrinhavam ninguém. Nunca me ocorrera que a preparação dos artistas exigia uma habilidade didática, um tipo específico de liderança. Prince entendia o delicado mecanismo da autoconfiança. Ele conseguia eliminar o coral de dúvidas que cantava na cabeça das pessoas para que elas reconhecessem o próprio potencial. Algum tempo depois, li um artigo em que Gwen Stefani se lembrava dele: "'Você já tentou compor um hit? Não tente escrever uma música, componha uma canção que vai estourar.' Lembro que, quando ele disse isso, eu pensei: 'Sim, você tem razão. Por que compor outra coisa?'"

"Para mim, o tema central do livro", disse Prince naquele dia, "é a liberdade. A liberdade de criar com autonomia, sem que ninguém diga o que, como, nem por que você deve criar". Era verão em Melbourne, e no dia seguinte eu voaria de volta para a glacial Nova York. Passei horas caminhando ao lado do rio ensolarado com as palavras dele na cabeça, ouvindo "Skin Tight" dos Ohio Players em um volume ensurdecedor. ("O baixo e a bateria desse álbum fariam o Stephen Hawking dançar", escreveu Prince no seu texto. "Sem faltar com o respeito — o som é cheio de funk.") Acho que eu passava a impressão de saber para onde estava indo; os turistas me paravam toda hora para pedir informações.

DE VOLTA A NOVA YORK,

passei pouco mais de um mês sem ver Prince. Por meio de Kirk, ele me enviava e-mails cheios de coisas: resenhas chapa-branca dos seus shows, um artigo interessante do site NPR sobre seu conturbado relacionamento com a tecnologia, uma foto dele no Instagram, um tuíte sobre ele. Nesse período, Prince e a Random House iniciaram negociações tensas. Seu contrato fugia muito do padrão, e ninguém sabia se ele assinaria mesmo. A certa altura, ele ligou para a casa de Chris Jackson, seu editor, e perguntou se o livro não podia ser publicado sem contrato nem advogados. Chris lembrou: "Eu disse que adoraria fazer isso, mas que a empresa não podia emitir um cheque sem um contrato assinado. Ele fez uma pausa e disse: 'Eu volto a ligar.' Ele fez isso — e sugeriu ótimos pontos para o contrato." Esse chove não molha já chegava à segunda quinzena de março quando Prince levantou a possibilidade de realizar um evento surpresa em Nova York.

Se o acordo fosse fechado até a sexta-feira, dia 18 de março, as memórias seriam anunciadas em um show secreto na mesma noite. Com o prazo se esgotando, as equipes da Random House e da ICM tiveram que se virar para arranjar um local e elaborar uma lista de convidados. Mas, antes do anúncio, era preciso resolver um ponto controverso: Prince reivindicava o direito de retirar o livro das lojas a qualquer momento e em caráter permanente caso a obra, no seu entender, não o representasse mais. A questão pendente era o valor que ele deveria pagar à Random House para fazer isso. Na sexta-feira, depois de uma rodada de três ou quatro dias de ofertas e contraofertas, o valor foi definido, e Prince entrou no avião. Às 16h40, ele tuitou: "O Q PRINCE TÁ FAZENDO EM NY AGORA?!"

Às 20h, cerca de 150 pessoas se reuniram para ouvir o anúncio. Prince deu a notícia no Avenue, um clube estreito e pouco iluminado na Tenth Avenue, em Chelsea. Seu amigo Harry Belafonte estava presente, bem como Spike Lee, Trevor Noah, Gayle King, Maxwell e o elenco do musical *Hamilton*. Ele também levou a própria DJ, Pam the Funkstress — a Purple Pam, como ele a chamava —, que tocou faixas da década de 1980 em um volume que fazia as paredes tremerem. Como sempre, era proibido portar celulares, mas o bar distribuiu taças de champanhe como cortesia. O assessor de marketing de Prince havia dito que meu nome provavelmente não estaria no anúncio; eu não devia falar com a imprensa e tive que assinar um contrato de confidencialidade. Mesmo assim, fiquei nervoso. Eu jamais havia chegado nem perto de ser pressionado por jornalistas.

Flashes vermelhos iluminaram o local, e a música parou. Prince subiu por uma escada até a sacada do segundo andar, onde se encostou no parapeito de acrílico, acima do público. Vi que Kirk e Meron estavam com ele. Com suas cintilantes faixas douradas e roxas, lá no alto, ele parecia um nobre prestes a discursar para um bando de camponeses.

"Vocês ainda gostam de ler?", perguntou ele. O público aplaudiu. "Essa moçada esperta da Random House me fez uma oferta irrecusável." Ele estava escrevendo um livro de memórias. "É meu primeiro. Meu irmão Dan está me ajudando. Ele é um bom crítico, e eu só preciso disso. Ele não é nenhum puxa-saco, só está colaborando comigo nessa empreitada", disse Prince.

"Estamos começando pelo início, pela primeira lembrança, e espero ir até o Super Bowl", disse ele. Isso era novidade para mim — ainda não havíamos conversado sobre o Super Bowl. "Estamos avançando o mais rápido possível. O título provisório é *The Beautiful Ones*." Os refletores emitiam uma luz muito intensa; ele pegou um par de óculos de sol esféricos que lembravam os olhos de um aracnídeo. "Agora está melhor", disse ele, ajeitando as lentes. "Eu acabei de sair do avião. Vou para casa vestir roupas de dança. Obrigado ao meu irmão Harry Belafonte."

Ele saiu de cena, e a música recomeçou a tocar. Fiquei lá, atordoado, e não reconheci, pelo menos, três pessoas com quem já havia falado várias vezes. Agora era pra valer — ele havia dito; imaginei que logo iríamos para algum lugar a fim de executar a tarefa complexa e caótica de colocar a vida dele no papel.

Pouco tempo depois, Prince voltou e iniciou a apresentação. A base do show de 45 minutos foi, no jargão dos aficionados por Prince, "o set dos samples", uma sequência instrumental dos seus maiores hits acompanhados por sua voz ao vivo. Todo mundo começou a dançar; meu ânimo foi para as alturas. As músicas eram pontuadas por comentários bem ao estilo de Prince, como: "Queremos agradecer à Random House. Esse funk não tem nada de aleatório!" e "Verifique sua caixa de entrada. Talvez tenha um pouco de funk lá dentro". Ainda ouço sua voz quando checo meus e-mails. São escassos os dias em que encontro algum funk.

NO OUTRO DIA,

enquanto as notícias do livro se espalhavam pela internet, Kirk me convidou para ir junto com ele, Meron e Prince a The Groove, uma boate no West Village. A banda Li'nard's Many Moods, liderada pelo genial baixista Li'nard Jackson, tocaria lá. Marcamos de nos encontrar por volta da meia-noite. A equipe de segurança de Prince havia reservado uma mesa com bancos estofados nos fundos, mas de frente para o palco e fora da vista da pista de dança, para que Prince — que chegaria com a cabeça coberta pela jaqueta, entre Kirk e Meron — ficasse incógnito. Ele se sentou ao meu lado e se aproximou bastante do meu ouvido para falar. Pensei na quantidade de conversas que ele já havia tido em locais com música alta.

"Você já recebeu?", perguntou ele.

"Não", disse eu.

"Nem eu."

Fiquei confuso — o contrato nem havia sido assinado ainda. Mas este não era um dos pilares da filosofia contratual de Prince? O artista sempre deve ser pago, e a empresa sempre deve pagar. A essa altura, o lema soava quase tranquilizador. No mundo de Prince, as transações financeiras, geralmente tão toscas, ganhavam um ar de ação entre amigos contra as corporações. O dinheiro consolidava nossa colaboração. (No seu último show, algumas semanas depois, ele tocou um dos seus covers favoritos: "When Will We Be Paid?" [Quando Seremos Pagos?], dos Staples Singers. Esse seria, como ele descrevera a um amigo, o foco narrativo do livro.)

Ele tinha acabado de ver *Hamilton* e estava muito empolgado. "O elenco é bem diversificado, apesar de a história ser europeia. Eles têm credibilidade para falar sobre questões raciais e outros temas." Ele queria aplicar isso no livro. "O texto deve fluir como uma peça da Broadway, com muito diálogo. Direto ao ponto. Nada de enrolação."

A banda ainda não havia começado, e a canção "Bad", de Michael Jackson, tocou no som do local. Prince lembrou uma história que envolvia uma possível colaboração entre eles. "Temos que conversar sobre isso depois. O livro terá algumas bombas. Tomara que as pessoas segurem a barra. Precisamos de uma equipe de publicidade só para este livro — ele vai arrasar."

A música seguinte, de Alexander O'Neal, também trouxe uma lembrança. "Era pra ele ter sido o vocalista da banda The Time. Mas ele tinha muitos problemas — começava a suar no palco antes da primeira música." Antes de falar mais, se conteve. Sua DJ Purple Pam apareceu, e ele tinha algumas dicas para ela. Primeiro: era sempre uma boa ideia fechar o set com "September", da banda Earth, Wind & Fire. Segundo: nada de palavrões. "Os DJs tocam músicas cheias de obscenidades e depois ficam surpresos com as brigas nos clubes. Foram eles que colocaram a trilha sonora disso!"

Perguntei sobre o Super Bowl — eu ficara surpreso com o desejo dele de fechar o livro com esse episódio. "Na verdade, eu estava pensando em começar aí. Eu, no palco — como é chegar ali. E, depois, fazer um flashback descrevendo minha mãe."

A banda entrou no palco. De relance, Li'nard percebeu que Prince estava no local e lançou um olhar sugestivo e reverente. O grupo convidara um vocalista sensacional para cantar. "Esse é o erro da indústria musical", disse Prince. Por que as gravadoras apostam em artistas que não sabem cantar quando há tantos talentos assim por aí? "Tá vendo aquele cara? Podemos gravar um hit com ele em cinco minutos."

Relaxamos e ficamos só curtindo a música. Eu nunca havia me sentado tão perto de Prince e dei umas boas olhadelas nele. Ele parecia cansado, mas feliz — feliz, mas cansado. De vez em quando, sussurrava algo para Meron e a fazia rir. "Ela tem essa risada. Depois que pega o embalo, ninguém segura", disse ele. Com o palco concentrando todas as atenções e o sofá ocultando seu penteado black, ninguém percebeu que Prince estava lá.

Na parte final do set, ele acenou para Kirk. Era hora de ir. "Então, vamos fazer o seguinte — você está livre na semana que vem? Vamos nos encontrar no local do show, para começar a trabalhar no livro. Quero dar uma pausa na turnê Piano & A Microphone para focar isso." O carro deles estava lá fora. Ele apertou minha mão, me deu um abraço rápido e saiu apressado, segurando a jaqueta sobre a cabeça. A multidão no bar não percebeu nada.

MAS, UMA SEMANA PASSOU,

depois outra, e nada. No início de abril, Kirk pediu que eu enviasse novamente a versão digitada das anotações. Fiz isso, mas nada aconteceu. Aquele silêncio começou a me deixar apreensivo, principalmente quando li que Prince havia adiado um show em Atlanta. Na época, eu não sabia, mas aquela foi a última vez que nos vimos.

Nesse período, ele assinou o contrato do livro — bem, mais ou menos. Sempre desconfiado, concedeu à sua advogada Phaedra Ellis-Lamkins uma procuração específica para assinar o contrato de publicação em seu nome. Um tabelião foi a Paisley Park e coletou a assinatura dele no dia 7 de abril, na mesma data em que Prince cancelou o show de Atlanta por motivos de saúde. ("APESAR DA GRIPE, ESTE PLANETA É MAGNÍFICO!", tuitara alguns dias antes.)

Isso me remete a nossa última conversa, quatro dias antes da sua morte. O papo mais uma vez girava em torno dos seus pais, da influência antagônica deles na sua vida. Ele sentia isso em um nível biológico — daí seu interesse em memória celular. Era possível que as cicatrizes deles estivessem no seu corpo?

"Quanto à estrutura do livro", disse ele. "Seria perfeito se a sua voz explicasse as coisas de modo científico, citando fatos, fazendo perguntas e descrevendo rigorosamente a memória celular. Enquanto isso, escrevo sobre a minha vida, na música e nas ruas. Podemos também analisar a letra de 'When Doves Cry'." De certa forma, o funk era o veículo ideal para esse dilema. Prince era uma contradição, a fusão da sua mãe e do seu pai. O funk operava do mesmo jeito, combinando impulso e estrutura. Por isso, nosso objetivo era encontrar uma palavra para explicá-lo.

Além disso, ele estava planejando a capa. "Um artista me desenhou em todas as fases da minha carreira. Espere um pouco, vou mandar para você." Eram os célebres desenhos de Martin Homent, que criara o projeto "The Many Faces of Prince", com seus diversos visuais. Talvez desse uma boa capa. Todos esses pontos seriam analisados "na hora de começar o trabalho de verdade". Mas, dessa vez, nenhuma data foi definida.

"Mas eu só queria mesmo ligar e dizer o que estou pensando", disse ele. "E que estou bem."

Desligamos. Achei a conversa bem normal e natural, apesar de ter passado a maior parte do tempo encolhido e contorcido no chão do quarto, como já descrevi. Só havíamos tratado dos assuntos pendentes.

No final da manhã do dia 21 de abril, eu estava no trem Metro-North rumo a Connecticut com um amigo quando as mensagens começaram a chegar. Segundo o site TMZ, ocorrera uma morte em Paisley Park. A polícia do condado de Carver já estava no local. Não pensei que podia ser Prince. Agora, fico constrangido com a minha ingenuidade, com a falha do meu raciocínio. Mas Prince havia me dito que estava bem, e eu acreditei nele.

Fiquei atualizando os sites de notícias sem parar. Logo a fonte das manchetes aumentou de tamanho, e o fluxo de mensagens virou um dilúvio. Prince estava morto. Do lado de fora, a primavera chegara; pela janela do trem, observei a paisagem passando em um ritmo majestoso, os primeiros brotos começando a florescer, hectares de terra marrom pontilhada de verde. O vagão estava cheio de passageiros, todos imersos nas suas rotinas. Quando meu amigo e eu começamos a conversar em tons cada vez mais desesperados, alguns nos lançaram olhares de reprovação. Eu queria pegar essas pessoas pelos casacos e sacudi-las. Ninguém ali sabia que um dos maiores artistas do mundo havia morrido? Ninguém entendia a gravidade dessa situação? Minha cabeça estava a ponto de explodir, e eu não queria chorar, não ali, porque, se começasse, não pararia. Os jornalistas já estavam ligando para a sede de *The Paris Review*, pedindo comentários e entrevistas ao vivo. Ex-professores, amigos de amigos, ex-colegas de banda — qualquer um que tivesse a mínima conexão com Prince era convocado para demonstrar seu choque e comoção. A cobertura sufocante da imprensa deixava tudo fantasioso. Ninguém sabia dizer ao certo o que havia acontecido.

Conseguir esse trabalho dera asas à minha imaginação. Se isso era possível, o que não era? Mesmo se eu imaginasse algo absurdo, como abrir uma livraria com Prince ou acompanhá-lo em uma turnê pela Europa, agora era bem mais plausível. Meu senso de realidade estava fora do ar. Eu havia acabado de aceitar que o livro era real. Agora, os fatos estavam contestando a minha imaginação, e aqueles três meses ganhavam ares de sonho. Meu luto era de fã, colaborador e amigo. Nos dias seguintes, circularam manchetes inquietantes sobre dependência química — primeiro, na linguagem cheia de exclamações dos tabloides; depois, em reportagens mais sérias. Foi o primeiro de muitos golpes. Logo veio à tona que ele morrera de uma overdose acidental de fentanil, depois de tomar pílulas falsificadas de Vicodin batizadas com esse opioide bem mais potente. O fentanil agora é (infelizmente) um termo bastante corrente, mas ainda não aparecia no noticiário nacional na época da morte de Prince.

Ao ler sobre seus últimos meses, eu não conseguia ver no homem alegre, brincalhão e prestativo que conheci alguém tão inflexível e deliberadamente obscuro. Uma das pessoas mais próximas dele disse aos detetives que, depois do último show em Atlanta, Prince teria comentado que "gostava mais de dormir hoje em dia", sugerindo que ele já havia feito tudo o que viera fazer na Terra; a vida real era "incrivelmente chata". Fiquei angustiado quando li essas palavras, pois contrariavam todas as nossas conversas. Mas lembrei que Prince havia dito basicamente isso no primeiro show da turnê Piano & A Microphone: "Gosto mais de sonhar agora do que antes. Alguns amigos já se foram, e eu os vejo nos sonhos. Sinto como se eles estivessem aqui; em alguns sonhos, parece que estou acordado." No novo contexto, eu achava insuportável o que antes achara belo.

Não havia nenhuma falsidade na maneira como ele falava comigo; também não havia nenhuma falsidade na maneira como falava nos seus momentos mais sombrios. Não gosto menos dele por ter se sentido fraco, esgotado, por ter escondido sua dor, por ter me dito que estava bem quando não estava. Ele vivia pelas regras dele. Exigir outra coisa dele seria exigir mágica: com razão, a palavra de que Prince menos gostava.

COMO PRINCE MORRERA

sem deixar testamento, um juiz do condado de Carver nomeou um administrador especial (o Bremer Trust) para controlar seu patrimônio. Prince tinha uma conta bancária no Bremer havia muitos anos; a sede do banco ficava em St. Paul. Uma das prioridades mais urgentes, diante do valor considerável dos impostos incidentes sobre o patrimônio, era monetizar os ativos de Prince da melhor forma possível. Por acaso, o livro fora um dos últimos projetos formalizados por contrato. Sabendo disso, os representantes do Bremer entraram em contato com a Random House: o livro ainda era possível? Em uma inspeção preliminar em Paisley, eles haviam se deparado com um tesouro de fotos, papéis e outros materiais inéditos. Que tal voar até lá e dar uma olhada nisso?

Foi o que fizemos. No final de junho, viajei para Chanhassen com Chris Jackson, Dan Kirschen e Julie Grau, editora da Spiegel & Grau. Embora a polícia local e os agentes do DEA tivessem removido alguns itens relevantes para as investigações, Paisley estava exatamente como Prince havia deixado, e a aura dele pairava por toda parte. Em Melbourne, ele me dera as primeiras dez páginas das suas memórias — eu esperava que o resto do texto estivesse em Paisley, com mais páginas.

Ainda se habituando ao local, os funcionários do Bremer nos conduziram pelo complexo. Com a postura típica da região e uma educação impecável, eles falavam de Prince com reverência e, de vez em quando, com perplexidade, tentando interpretar algumas das escolhas dele. Todas as câmeras de segurança estavam desativadas e algumas apontavam para dentro, em direção à parede. Os alarmes de fumaça haviam sido cobertos com esparadrapos. O lendário Vault fora danificado pela ação da água. Alguns dos visitantes do Bremer pareciam arqueólogos escavando um sítio antigo recém-descoberto. "Achamos que aqui ele costumava..."

Ainda assim, o clima era de respeito lúgubre. Como o Bremer preservara a dieta estabelecida por Prince, comemos almoços veganos de uma cooperativa local. Percorremos os cômodos quase sem supervisão. A cada porta, havia uma surpresa. Prince conservara grande parte do seu processo criativo em âmbar (roxo, nesse caso). Havia anotações e letras de canções rabiscadas em envelopes, recibos, blocos de hotéis de países distantes. Originais de fotos e cópias de contato se espalhavam por toda parte; suas imagens favoritas apareciam marcadas com lápis oleoso. Abertas, malas de viagem imensas (algumas com a etiqueta "Peter Bravestrong") revelavam estojos de maquiagem e um grande volume de cosméticos. Palhetas peroladas, estampadas com seu símbolo, estavam sempre ao alcance. Na garagem, havia uma pilha de CDs espalhados pelo chão — identifiquei o disco *A Decade of Steely Dan* — e caixas intactas com o roteiro da cerimônia do seu casamento, realizado em 1996. Um jogo de bolas de boliche (estampadas com ⚥ e o nome Mayte, da sua esposa) ainda jazia na bolsa de couro original. Em dado momento, no piso superior, encontrei uma das camisas dele no escritório, senti seu perfume e tive que me sentar. Era como se ele estivesse lá.

A antecâmara do Vault era um arquivo, com suas fotos emolduradas e estantes cheias de gravações. A equipe do Bremer encontrara caixas de material do filme *Purple Rain*: fichas de falas utilizadas na dublagem, instantâneos de continuidade, imagens da fase de escolha das locações, várias versões do roteiro.

Em uma sala branca imensa, com a enigmática inscrição *Everything U Think Is True* [Tudo o que Você Pensa É Verdade] pintada na parede, ele deixara um tesouro: os manuscritos das letras das suas canções mais conhecidas, presos por um clipe, aparentemente esperando para ser encontrados. Enquanto estávamos sobre o tapete branco, fascinados com as rasuras e correções de Prince, uma representante do Bremer se aproximou e mostrou um bloco de notas. Ela encontrara as outras páginas das memórias que eu havia lido na Austrália. Suspirei de alívio. Prince não tinha acrescentado nada, mas eu receava que o bloco estivesse perdido para sempre.

Depois, fomos ao Vault: a maior parte dele estava coberta por caixas de fitas de áudio e vídeo. Mas, nas estantes de aço frontais, Prince deixara grandes surpresas. Eram fotos e lembranças da sua infância, muitas dos anos que ele descrevera nas memórias. Tudo havia sido cuidadosamente preservado: recortes de jornais e revistas, a carteira do seu pai e até um boletim do ensino médio. Ficamos surpresos. "Eu não vivo no passado", Prince havia dito à revista *Rolling Stone* em 1985. No entanto, ele conservara muito material, como se antecipasse o movimento retrospectivo que deu origem à turnê Piano & A Microphone e ao *The Beautiful Ones*.

Não queríamos publicar o livro só porque era possível, nem divulgar nada que contrariasse as diretrizes estabelecidas por Prince nas suas conversas comigo e com Chris. O grande volume do arquivo nos deu uma luz. Agora, podíamos concretizar as ambições dele sem prejudicar a integridade do projeto nem produzir uma obra que parecesse uma recordação improvisada de um show. Se trabalhássemos só com os objetos conservados por ele, teríamos um material autêntico. Os itens mais expressivos haviam sido escolhidos por Prince. O livro seria narrado na sua voz, seria sua criação, com o mínimo possível de interferências externas. Não queríamos atribuir palavras a ele de nenhuma forma nem obscurecer nada do que ele havia dito e escrito.

Mas precisávamos de mais tempo. Voltamos a Paisley em julho e revisitamos cada cômodo de forma mais deliberada. O ar-condicionado estava quebrado, e o calor era sufocante. Passamos longas horas selecionando itens com potencial para compor uma narrativa sobre a vida de Prince e os organizamos na sala de conferências, o local onde ele recebera os editores e onde havíamos conversado pela primeira vez.

Como os administradores passaram a priorizar outros projetos criativos, inclusive a abertura de um museu em Paisley Park e um show em homenagem a Prince, começou uma fase de inércia. Devolvi o texto que ele me dera — cerca de um terço do total — para a administração, já pensando que essas páginas nunca veriam a luz do dia. Lembro que, ao postar o pacote no FedEx, me perguntei se aquilo não era um grande erro. Não havia nada que eu gostasse mais no mundo.

Mas, em 2017, quando a administração passou para o Comerica Bank, o projeto voltou a caminhar. Auxiliados pelos arquivistas do novo administrador, analisamos mais de 5.200 itens da coleção. Queríamos objetos que lembrassem a sensação de conhecê-lo: itens que comunicassem uma perspectiva intimista; que criassem novas formas de ver sua família e sua arte; que demonstrassem seu processo criativo e, seguindo sua vontade, despertassem nos leitores o desejo de criar.

Por essa época, os administradores lançaram o primeiro single póstumo de Prince, a canção "Moonbeam Levels", gravada em 1982. A letra começa: "Yesterday I tried 2 write a novel/but I didn't know where to begin" [Ontem, tentei escrever um romance/mas não sabia por onde começar]. Eu compreendia essa sensação. Havia muito a dizer, mas era quase impossível encontrar uma estrutura viável para a obra. Quando Prince estava vivo, planejávamos escrever um livro que seria "uma jornada excepcional e poética por sua vida e obra". Agora, ninguém sabia até que ponto a excepcionalidade não seria um tiro no pé.

Eu sempre me lembrava dos versos de "Moonbeam Levels", em que Prince canta sobre um homem que nunca teve um diário — ele só queria "fight 4 perfect love" [lutar pelo amor perfeito]. Era verdade. Entre os milhares de itens que analisamos, nenhum deles se parecia com um diário. Mas havia muitas provas da luta de Prince pelo amor perfeito. Nunca era tarde demais.

PRINCE QUERIA QUE A HISTÓRIA

fosse "até o Super Bowl", mas, sem ele, não havia como produzir um livro assim sem se desviar da rota já traçada; seria necessário fazer muitas suposições, deixando muitas omissões. As memórias que escrevera abordavam sua infância e adolescência, chegando ao início da sua carreira. A papelada da coleção seguia daí, abrindo um caminho oblíquo até o auge, em *Purple Rain*. Para nós, essa trilha era a alma do livro. Algo como um mito de origem: a história de como Prince se tornou Prince.

Resolvemos que o livro teria quatro pontos principais, ligados pelos manuscritos das letras, que ilustram seu processo criativo. Primeiro, temos esta introdução, que conta como a obra foi criada. Segundo, as memórias escritas por Prince, uma carta de amor para seus pais, incluindo os comentários que ele fez para mim quando analisamos o texto em Melbourne.

Terceiro, um dos itens mais emocionantes do arquivo: um álbum de fotos que Prince iniciou em dezembro de 1977, aos 19 anos, quando estava em São Francisco para gravar seu primeiro disco, *For You*. As fotos registravam seu primeiro contrato com a Warner Bros., suas viagens à Califórnia e sua acolhedora comunidade em Minneapolis — as pessoas que possibilitaram a expressão da sua criatividade. Muitas décadas depois, ele ainda se lembrava vividamente de algumas e escreveu sobre elas nas memórias. Com legendas do próprio Prince, o álbum exalava sua arrogância juvenil e seu senso de humor; captava o potencial ilimitado de alguém que estava livre para fazer a sua arte do seu jeito. Se um dos objetivos de *The Beautiful Ones* era expressar como o artista está em constante transformação, sempre se imaginando no futuro, o álbum de fotos demonstrava claramente sua autopercepção desde o início da carreira. Naturalmente, o álbum ia até abril de 1978 — o mês do lançamento do seu primeiro disco.

O quarto (e último) ponto era o manuscrito da sinopse que deu origem ao filme *Purple Rain*. Produzido entre a primavera de 1982 e o início de 1983 — quando o filme ainda não tinha diretor, roteirista, nem nome, antes mesmo de Prince compor a música "Purple Rain" —, o texto já esboçava os principais temas e personagens da trama. É mais uma prova da sua energia criativa. Na época, ele havia acabado de chegar ao Top 10 pela primeira vez (com o hit "Little Red Corvette") e estava determinado a produzir um filme grandioso, uma aposta bem alta, envolvendo drama, música e comédia. Essa história retoma a questão dos seus pais, figuras essenciais ao seu estado psicológico nesse momento. *Purple Rain* era de Prince: era parte integrante e resultado do seu DNA. Ao ler essas primeiras ideias, vemos como sua genialidade surgiu do conflito entre a mãe e o pai — "um dos maiores dilemas da minha vida", como ele me disse —, uma fonte de criatividade a que ele recorreu muitas vezes.

Todos que conheciam Prince sabem que nunca era uma boa ideia supor como ele se sentiria em relação a algo. Mas, como ele concebeu este livro como um projeto colaborativo, acredito que esta é a forma mais fiel e verdadeira de concretizar o trabalho que iniciamos naqueles três meses agitados de 2016. Esta obra incita o leitor a preencher as lacunas, a imaginar um caminho pelo terreno incógnito. Se o livro trouxer mais perguntas do que respostas, ótimo — Prince nunca quis dissipar o véu de mistério ao seu redor.

Pelo resto da vida, o livro que Prince e eu poderíamos ter escrito não sairá da minha cabeça. Estas páginas são apenas uma amostra das possibilidades — este livro é, por definição, tanto uma expressão de tristeza quanto uma celebração da vida. Mas espero que ele cumpra a missão estabelecida por Prince: ser "o manual da comunidade brilhante: parte autobiografia, parte biografia", um livro que combine nossas vozes para contar uma história, a história dele, com um propósito.

A essa altura, o leitor já deve saber qual é esse propósito. Espero que você esteja disposto a mergulhar nele de cabeça. "Tente criar", Prince me disse naquele dia em Melbourne. "Quero incentivar as pessoas a criarem. Comece criando seu dia. Depois, crie sua vida."

— Dan Piepenbring

PARTE I.

THE BEAUTIFUL ONES

1. "My Mother's Eyes"
That's the 1st thing I can remember.
U know how U can tell when someone
is smiling just by looking in their eyes?
That was my Mother's eyes.
Sometime she would squint them
like she was about 2 tell U a secret.
I found out later my Mother had a lot
of secrets.

My Father's Piano. That's the 1st thing I ever
remember hearing. As a young man
his playing was very busy but skilled. It
was a joyous sound.
            The eyes & the ears of a songwriter
can never get enough praise. The way things
look & the way things sound, when conveyed
lyrically can give a song space & gravity.

Of course 2 this writer there was
nothing more beautiful then his Mother's eyes
but Y? One of the reasons is how playful
they were. The fun & mischief they promised.

There were 2 princes in the home where
we lived. The older one with all the
responsibilities of heading a household & the
younger one who's only mode of operandi
was fun. Not just any run-of-the-mill
childhood board game fun, but fun with a

wink attached. My mother liked 2 wink at Me. Eye knew what a wink meant b/4 Eye knew how 2 spell My name. A wink meant something covert was going on. Something special that only those who were in on it could attest. Sometimes when My Father wasn't paying attention He'd say something 2 My Mother & She would wink at me.

She never told me what it meant & sometimes it would b accompanied by a gentle caress of her hand 2 my face

but Eye am quite sure now this is the birth of My physical Imagination

An Entire world of secrets & intrigue puzzles 2 solve & good ol' fashioned make-believe. A place where everything 4 a change goes ur way. One could get used 2 this. Many artists fell down the rabbit holes of their own imaginations & never return. There have been many who decry this as self-destruction but Eye prefer the term FREE-WILL. Life is better lived. What path one takes is what sets us apart from the rest.

Those wired lil'different r the ones most interesting 2 us.

A vibrant imagination is where the best songs & sound. Make believe characters wearing make-believe clothes all 2gether creating memories & calling it Life.

My parents were beautiful. 2 watch them leave the crib — dressed up 4 a night on the town was one of my favorite things 2 do. Even tho my mother was walking funny when she came home it was all worth it 2 me just 2 c them happy.

Whenever they were happy w/ the one another all was right the world.

Thinky back, my father's mood used 2 change instantly whenever my Mother was dressed up. She craved attention & he gave her plenty of it when she was sharp. Of all the family, friends & relatives my parents were the sharpest! No one could accessorize like they could. My Mother jewelry, gloves & hats all had 2 match. My father's cufflinks tiepins & rings all sparkled against the sharkskin fabric of his suit. My father suits were immaculate. There were so many of them ... Every shirt had a corresponding tie 2 go with it. My favorite were the arrow-head style that rested just under the collar ...

Matter of Fact
My Mother always out dressed my Mother.
Maybe there was a secret contest going on that
we weren't aware of. She never gave me the
wink on that.

2. Only Vision better than watching Mother
~~that~~ getting dressed up for a night on
the town was watching her leave.
That's where the Imagined Life began
A place where Eye could pretend dress up & enter a fantasy of my own direction
A different story line every time but always with
similar outcomes - Eye am always
sharp & Eye always get the girl.
In my fantasy world Eye always live far away from
the public-at-large usually on a mountain
sometimes a cloud & even in an underwater
cave. (How that was accomplished was never
divulged but somehow it worked out.)
Superpowers - optional but always with
secret flying abilities 2 enter & exit a location
anytime Eye choose.
Hidden Places, Secret Abilities
A part of oneself that is never shown.
These r the necessary tools 4
a vibrant imagination & the main ingredients of a
good song.

3. Kiss

If not traditionally beautiful, what characteristic can a woman possess that still makes her irresistible 2 men. The answer is this — a fully functional imagination.

Laura Winnick was in possession of such a trait. No one could play-act fantasies better than Laura. Not even me. Laura had a mastery of the english language that Eve had never encountered b4. She could have a conversation with an imaginary friend & get everyone watching 2 suspend their belief 2 the point where they might start talking 2 the person themselves.

Laura was only five or six at the time but the only fantasy she wanted 2 play act was House. Whereas all my plays revolved around transmutation of some sort, Laura was firmly rooted in reality. It was better than television and all of her characters were happy, grounded & smart.

Out of nowhere one day Laura decided she wanted me 2 play her husband.

We weren't the 1st interracial couple in Minneapolis but we were no doubt the youngest. All lives mattered back then because race didn't. At least not in our fantasy world.

4. Laura kissed Me 3 times that day. Each time was my 1st. The obligatory husband on the way 2 work kiss, one when U returned & one b4 U went 2 sleep that night. Those kisses — not lasting over 3 seconds each (in line with the Hayes Code, mind U) were Everything 2 me. Laura was initiating everything & moved her head just like the married people in the movies. 2 this day my father's rendition of the pre-standard "Laura" is one of my favorite melodies.

4. Prince
Handwriting is a lost art in need of resurrection. Everyone should have a pen pal 2 actually write 2 as often as possible. Having an audience who will not judge U opens the pen up 2 a more honest, fluid style of songwriting. My mother was also an artist & her penmanship was impeccable. She could write on blank paper and when she was finished U could C the lines of every paragraph because of how straight her pen was. She 1st showed me how 2 write my name in kindergarten. She started with my nickname Skipper & then my given name Prince.

When Showing Me how 2 properly write the name Prince, Eye noticed My Mother's demeanor change. She stared at the word after she wrote it the same way she stared at my Father sometimes — a reverent look that She seemed 2 take pleasure in helping me 4 own. Every school year 2 come kids & teachers alike would tease me about My name but it never bothered Me because it was unique. No One Else had the given name Prince except Me.

(margin: It was His name Also & His was a...)

There is a technique called Visualization that was most certainly being employed back then. Even tho we had no money 4 it, things Eye wanted, Eye would write or type. Looking back at those lists now, most everything came true. By an actual stab at a real, fully-4med song, lists, stats were the 1st original writings. (Show lists) The list most proud of was the one containing My girlfriends. All the girls Eye liked at school were included. Whether they liked Me or not was of no consequence. Eye liked them — They were on my list so Eventually they would like me.

Rather than the cute little kid in their 1st grade class they would one day think of Me as a Superhero who they really just wanna play house with.

The problem with Vision/Fate is that they take time. Patience is required. After the encounters with Laura, who had since moved away 2 a better neighborhood, Eye needed real partners 2 explore the deeper, meaningful relationships in pre-subconscious world.

Eye was smaller than the rest of the kids in school, so Eye needed a gimmick. Something that would make people notice me. Eye tried tapdancing at my kid sister Tyka's prodding. Tyka told me Eye was good at everything & Eye believed her. So off 2 the school Talent Show Eye went.

What happened next almost derailed my hopes of Neighborhood stardom 4 good. After they announced my name, Eye sheepishly walked onstage & proceeded 2 do "never changing" at 1st step (with no music, mind u) 4 2 8½ min. Which actually felt like years... until well, Eye just stopped. Eye think the applause Eye got was 4 me getting off the stage. Anything 2 make that tapping noise stop.

Dwight Buckener & His Brother followed me home from school that night. 1st 2 escort my sister & Eye home because it was sundown after the Talent Show and secondly 2 ridicule me & my "performance". Dwight & his Brother would mimic my routine in between uproarious laughter. Dwight kept saying 2 me, "What's wrong with u? Negroes ain't supposed 2 tapdance no more!"

Early on
Eye Believe() ∞ the power greater
Than myself was at work in my life.
We grew up 1st attending 7th Day Adventist
Church where I 1st met the Andersons
Fred Anderson & his wife Bernadette were
friends of my parents & tho Eye never asked
Eye believe now that Bernadette & my Mother
secretly had Each others back when it came 2 their
husbands. 4 that matter Eye feel that the Entire
planet have been maintained this / way by the
feminine principal. Eye can always let my
guard down when there's a woman present.
   The 1st Epileptic seizure Eye recall was when
I was about 3. Eye loved 2 play outside
& felt completely free with no ceiling. Clouds
seemed like home 2 me. One day the clouds started
violently spinning & Eye just remember being carried
by my Father into the living room where I came
2 on the couch. A trip 2 the hospital revealed I
was Epileptic & prone 2 seizures at any time. /
   My brain has always been overactive & the
blackouts would occur primarily from overthinking.
   Basically bored by the non-malady (new word
alert!) of life... Eye always viewed it thru hyper-realities.
My school teacher couldn't just b the person who
taught the alphabet & math. She had 2 b a willing
participant in a mud-wrestling contest between I the

Other teaching at the school. And the contest started once eye got home after school. In the Octagon of my brain. Coming back 2 reality was always very jarring.

The last seizure eye recall happened walking 2 My Grandmother's House. My Sister was up ahead of Me walking with my Mother. Eye just remember sitting down on the sidewalk & feeling very small as the 2 of them went farther & farther away. Ey could hear my Mother's voice calling out, "Skipper! Get up! Come On, here. Don't make come back there & carry U." Carry Me is what she had 2 do though cuz the blackout was bad. Apparently there were violent convulsions accompanying it & it scared everyone something awful. I Can't imagine my mother's true feelings about herself back then but She has the deepest Gratitude from Me 4 enduring what must have been a nightmare.

She told me that short 1y after that Episode Eye approached Her & told Her that "an Angel came & told Me that Eye'm not gonna b Sick anymore." Eye never had another seizure.

Music is healing. Some secrets r so dark they have 2 b turned in2 song. & No one can even begin 2 expect them.

My mother, altho very loving & nurturing, & out going life of the party sometimes could b very stubborn & completely irrational. No one could reason w/ life w/ my mother when she was in this state.

The sound of ur parents fighting is chilling when ur a child. If it happens 2 become physical, it can b soul-crushing.

One night Eye remember hearing them arguing & it got physical. At some point my mother crashed in my bedroom and grabbed me. She was crying but managed a smile & said, "Tell ur father 2 b nice 2 me." She held me up as a buffer so that he wouldn't fight with her anymore. Things calmed down then. 4 a while. My mother subsequently got a lawyer 2 defend herself against my father. She basically wanted 2 run the household, not him. She considered him weak & narrow minded as opposed 2 the practical man that he was. Where she wanted adventure & traveling...he just wanted make sure there was food on the table.

WENDYS CRY

Some topics can't b glossed over. After several breakdown of communication & even occasional violence My Mother & Father divorced. Eye had no idea what impact that would have on Me. Eye was 4 years old & more than anything Eye just wanted peace. A Quiet space where Eye could hear myself think & create. The separation was good 4 both of them at the time. They needed 2 explore themselves without interference from each other. 4 a time Everyone was happier. My Father would come by Every weekend & take us 2 church & then 2 dinner afterward. Just like b4 except Now my Mother was absent. Their stubbornness on their part would b their ultimate undoing. Eye missed seeing Her get dressed up in her Sunday Best. Eye missed the admiring eyes from the other kids cause Eye had the most beautiful Mom. Most of all Eye missed the knowing wink that she'd give 'me' whenever Eye was unsure about something. That wink meant Everything was alright. When in fact... Everything was different now. Eye didn't actually begin 2 know Hyp the until He left my Mother. Being the only male in the house with her Eye understood if He left.

She was 2 strong & not always in a good way. She would spend up what little $ Her family had 4 survival on partying with her friends, then trespass in 2 my room, "borrow" my personal $ that Eye'd gotten from babysitting local kids & then chastise me 4 even questioning Her regarding the broken promise she made 2 pay me back.

In hindsight, Eye am glad Eye was able 2 help put food on the table but this was the 1st time Eye had ever had any real $ & & it felt amazing. Eye made $ babysitting 4 a local celebrity D.J. named JERRY "MOTORMOUTH" MAC Hunt & His dancer wife Tacy were the Ike & Tina Turner of North Minneapolis. Jerry was a Godsend 2 o community.

He was always dressed 2 the 9's. Quick-witted & Smooth with the compliments & kept an xtra bankroll on hand 4 tipping. Jerry tipped everybody. If He had $, everybody had 2 have some.

He loved complimenting my Mother. She "borrowed" her $ sometimes 2. Eye'm sure she never paid it back. Jerry loved music more than anything. Whenever the latest discs would come out, Jerry would have 'Em 1st. He belonged 2 a D.J. & Record Store Owner Pool. Having a 85 track 2 the baddest, just released jams made 'M top dog in the hood. What's More Jerry had a drum set, a piano, a mic AND an amplifier he used 4 His D.J. Shows. Eye had only ever seen an amplifier on TV 64 behind The Beatles. Eye had no idea this device would become more important 2 my life than a stove. Countless Hours Eye would spend in Jerry's Basement looking at all the 8 by 10 glossies of the greatest R n B Stars, B.B. King, Bobby Blue Bland, Al Green & Joe Tex. Jerry even had pictures of my favorite singer James Brown on His wall. Jerry introduced me 2 Dee the local Record Store owner. Dee had a shop at the End of Plymouth Ave. as we know it. We never rode past Dee's Record Shop without stopping in. A trip 2 Dee's was at Happy Days.

Any song that caught my fancy was 1st purchased then transcribed. Lyrics only as Eye never learned 2 read music. Re-Copying a lyric helps U 2 break down a line 2 C what it's made. "I'll U See like lovin' Me", "if U've Got the Notion, Eye Second That Emotion" Then while reading the copied lyric Eye'd learn the chords that went with each lyric. As the record played behind Me - Eye learned 2 play & sing along with every record of choice. It didn't matter whether it was male or female - it was the overall arrangement Eye was most interested in.

Singing along with all records — James Brown, Ray Charles, Smokey Robinson & Aretha Franklin helps 2 develop range & a sense of soul that could cover all bases. There r many great singers but that many funky singers. How a word is shaped in the mouth & the velocity or subtlety that a word is sung is what characterizes a funky singer or not.

Truly Funky Singer actually sound like they're singing in everyday conversation. Look at an interview with some of the greats. U know the names. If u feel like dancing while they're just talking, that's Funk.

Ideally parents should stay 2gether. The day my Mother remarried was the day Eye decided Eye wanted 2 live with my real Father who loved the Bible & had a keen sense of morality & class. None of which my stepfather possessed. The best thing that could b said about him was that he made my mother happy. At 13 years of age, Eye left them 2 each other 2 go live with my Father. It was the Happiest Day of My Life. Eye could only go so far alone with no teacher. Eye needed 2 b near my Hero.

New Beginnings...

The day Eye was 2 go live with my Father, there was a drop-off time set... 6:00. Eye didn't know that until later... because out of spite My Mother told me she had somewhere 2 b and rushed me 2 pack so that she could drop me off some 2 hours earlier. Eye didn't care one way or another & not a single word was spoken on the 17 minute trip over 2 his apartment. My Mother pulled up, Eye got out & she left. Eye sat there emotionless at 1st then a subdued joy entered my soul. Eye knew the best was yet 2 come.

Eye wanted 2 prove 2 my 1st love My Mother that the name Prince... My Father's stage name knowing given name was worthy of her love, adoration & respect.

PUBERTY

R-Rated Movies at the drive-in? 4 My Step-Father it was never an issue. Not only did he want 2 them, taking 1 & a couple neighborhood kids would save him from having "The Talk" with us. Not that any of us had any disillusions about where babies came from or how they were made, but a raggedy R-Rated drive in movie in the midst of one's puberty is not the best way 2 learn about SEX.

Having the Song of Solomon read & discussed with U by someone who loves U, preferably an older would b my choice if Eye had 2 do it all over again. But We were raised by the streets. Eye didn't belong 2 my step father by blood so He did the best He could with the short amount of time He had. When Eye learned the foundation that stayed with Me 4 the next 2 years was after Eye reunited with my real father. He said "U got a girlfriend? Good. Don't get married & whatever U do Don't get anybody pregnant. C ya when U get home." He would never take Me 2 a trashy R-rated movie. This Man Read the Bible daily and if He needed something, no matter what it was, He would make it Himself. Eye watched Him remodel & paint Rhaes Single-handedly build a garage from scratch & fix nearly anything that had 2 do with cars, All of while holding down 2 jobs - One at HONEYWELL Manufacturing & another playing piano on downtown Mpls. Club circuit. Asking Him 2 take Me 2 C Woodstock was like going 2 the Wizard of OZ 2 ask 4 a new brain. From the trailer - watching some hippies 4 3 hours take drugs & mud baths was what He thought it was gonna b. Older kids who knew otherwise told it was a little of that but a WHOLE LOT of MUSIC!

After convincing the Wizard of OZ that Eye didn't need a brain, Eye really just needed more courage 2 ask him 2 take me, My Father smiled & said O.K. Ey'ill take U on Sunday afternoon after church.

Of course that was the longest service Eye ever had 2 sit thru... Service the Black Church is long 2 begin with but the thought of spending the night with Santana, Jimi Hendrix & Sly & the Family Stone was 2 much 2 handle. My Father wanted 2 change clothes. Eye remember already standing by the car waiting 4 him Crazy with anticipation. The whole Experience reminds me 2 do the best Eye possibly can every chance Eye get 2 be on stage because somebody out there is C-ing U 4 the 1st time. Artists have the ability 2 change lives with a single perf4mance. My Father & Eye had 4 lives changed that night. The bond we cemented that very night let me know that there would always b someone in my corner when it came 2 my passion. My Father understood that night what music really meant 2 me. From that moment on, He never talked down 2 me, He asked my opinion about things, He bought me my 1st guitar because we couldn't fit a piano in my aunt's house. The apartment we lived in was getting 2 small 4 us. So my Father suggested my aunt take care of ME 4 awhile.

Southside

The Northside of Mpls had 2 much testosterone 4 My taste growing up. After Eye moved 2 the Southside I had 2 change schools. Andre Cymone who is my same age & played bass in R band routinely intimed me of what Eye was missing. Serious fights, Unwanted pregnancies, sometimes even shootings. When a local D.J. Kyle Ray who was much-loved in the community got killed, the whole scene was something that Eye needed a break from. The Southside of Mpls was at once another secret place that instantly set me apart from my Northside crew. Besides that — PUBERTY hit with the strength of a hurricane & all Eye could really think about was the opposite sex.

The cool thing is that now - Eye was in a much more wholesome environment. My Aunt Olivia however overly-religious... (this woman talked about the Bible more than Jesus) loved & cared 4 me the best she could. When it came 2 her husband Mason - on the other hand, she was rude, highly dismissive & joyless 4 no reason... or so Eye thought. One day during one of my father's weekend visits, Eye asked what had happened & when he said, "Let's go 4 a drive", Eye knew it. T'was about 2 go down!

We left the house & My Father's initial silence
let me know that wouldn't be an ordinary
talk. He told me that & what he was
about 2 tell me, My aunt Olivia was one
of the sweetest people he knew. She enjoyed
homemaking & having guests over regularly &
get 2gethers & such. She had a very robust
laugh & always looked 4 a reason 2 let it
out. Then one Summer Day she doubled
back 2 the house unexpectedly 2 get her
sweater. Much 2 her chagrin, she busted
her husband full-on with one of her friends
from the Church. Whether true or not – 4
me was not this issue, but it sure went a
long way in explaining how one woman could
b so mean 2 one man. Eye asked y they
just didn't break up & He said, "Her religious
faith." Haw!! & why did religion get so complicated
       Eye looked at my aunt differently after
My Father broke that news 2 me. Because My
Uncle Mason had lost full use of His legs,
He depended upon Her 4 every th(). 'Twas like
that movie Misery 'round there sometimes.
     Eye just spent as much time as Eye could
with friends. Eye had a band over North
& the fantasy combination of High School Sports &
Women over South. There was a constant TUG-
of War goin' on between the 2 always.

Eventually Debbie & Eye. There were many reasons 4 Eye liked Debbie. #1 on the list - her Afro. It was perfectly round and long. When it was picked out, it didn't look like it had been stretched 2 last milli-inch 2 make it look long. It actually was long. #2 Debbie had Acne. Eye did 2 but not a bad after's & it made her just vulnerable enough that she was approachable & not out of a brotha's reach. #3 She was built like a Brick House which the me song hadn't come out but we still knew what it meant. Serena Williams without the racket. One other Big Plus - She loved Music. She hipped me 2 "Draws Music": RnB primarily 4 the ladies - B4 Debbie Eye couldn't stomach any music without a guitar solo. Without the potential of jumping off, Y would anybody, Eye thought - lester 2 Sides Show by Blue Magic, Show Me How by the Emotions, Natural High by Bloodstone. Debbie & played Show Me How 8 times in a Row trying 2 get me 2 Kiss her on the part that says, "Eye Want 2 Kiss U Right Now." Eye finally Kissed Debbie because Eye couldn't bear hearing the Emotions sing Show Me How 9 more times

A good ballad should always put U in the mood 4 making love.

The way The Emotions' lead singer's voice breaks on the words "Eye love, Eye love, Eye love U Baby"... just when the end vamp is starting. Fellas, u don't need Debbie's breasts in ur hands 2 make U appreciate the value of a good ballad.

This is MY jam... Everybody can point 2 at least one song that is "their jam" & nobody else's. The 1st time Eye knew Eye had written of those jams was Do Me Baby. A song whose intro made me feel the same way Eye felt the 1st time Eye heard Sweet Thing by Rufus featuring Chaka Khan. Everything about the lyric & the vocal performance is flawless. Perfect note selection on the melody but more than that – a totally believable singer and we buy every single word. Now the arrangement & the Guitar, Bass & drums make this jam. It's one of the funkiest slow songs that came out at that time. After this there were many funky ballads by The Ohio Players, Isley Brothers & even Marvin Gaye.

If U're funky, even on a ballad U'll hear it. It's just what U R.

Trying 2 out do the funky ballads that preceeded R work in the 80's never seemed insurmountable. Eye just figured that was then, this is now. Eye had grown in2 a different kind of man. One more of mutual respect or rather than awe. U can't beat anybody that U worship. In 11th Grade "Eye was taking on the "doors of worship." Her name was Petey. It was a nickname & something longer & strange like Patricia or something. Who knows or cares 2 remember. Petey was my exact height, weight, skin color & afro size. We were made 4 each other. Somebody 4 got 2 tell her that & she went with one of my best southside friends named Tony. Even by his own accounts, Tony was not cute. Not even remotely.) me t looked like a big, friendly monster. Maybe that was the attraction. Tony would carry her books as they walked down the hallway & with one look Tony would scare away anyone looking 2 nice at Petey. Heavens, She was fine. I only had one dream about Petey when Eye was sleeping but all thru 11th grade Eye dreamt her during the day. It was absolutely pathetic, & She never knew. One day in Dec. 64 they school let out 4 Xmas break Joanne & Denise - 2 of the "Fast Girls" (the ones who French kiss better than the French) was carrying around mistletoe So they have a good excuse 2 kiss as many guys as they wanted. In No Rush 2 kiss either one of these Rejects from the Eww Brigade, Eye walked extremely fast 2 my locker so Eye could get my coat & get back over North 2 Band rehearsals. By this time, Debbie had left me 4 THE most popular dude in school - THE QUARTERBACK 4 the School's Football Team. Of course. So unless it was Petey - Eye was better off sticking 2 my guitar. By this time Eye had purchased a vanilla Stratocaster identical 2 the one Jimi played at Woodstock. Once Eye got 2 my locker, like a scene from a John Hughes film - the locker door closes & Petey is standing right behind it way 2 close 4 comfort. My heart skipped a measure & then ran out ahead of me 2 go catch the school bus home. She said, with the sweetest baby-like tone - Jo Prince, what's it gonna B? Much 2 my surprise Joanne & Denise were standing right behind me both with mistletoe dangling it over my head. As Petey moved slowly closer 2 me, my heart came running back down the hallway & jumped in my chest now pumped up from courage where it belonged.

Everything that happened next was in slow-motion. Petey & Eye were kissing as if like we knew just what the other wanted. Petey kissed me as if she had been planning this all year. It was so good Joanne started moaning & Denise had 2 stop her. "Shut up, Girl"

Petey would 4 stop. She grabbed my neck and started kissing me harder.

Denise said, "Dang U guys!" & then Petey stopped. She didn't let go of my neck she just stopped kissing, looked at me & said, "Did U like that?" He nodded his head YES She let go & the 3 of them started off down the down the hallway looking 4 their next victim.

On a cloud Eye left school that year more self-assured than Eye had ever been my whole life. Eye was absolutely certain that 1 day Eye was living the imagined life. That whenever Eye was, Rich or Poor - all my dreams would come true.

Eye stopped at the Record Store Downtown called Music Land which was like Blockbuster Video 4 Music. Dee's Record Store had long being gone & the Majors had begun the takeover. Wendy's Fast Food Burgers opened it's 1st store & Eye was just oblivious 2 it all. Petey kissed & Eye Now had in My possession Rufusized - Perhaps My favorite album by Chaka Khan 4 all the reasons stated earlier. The Piano Intro 2 packed my Bags left me with Butterflies. Eye Remember tryin 2 tell my friends How Eye felt about this music but nobody seemed 2 understand. Actually Nobody except Marcie...

Marcie lived on The Northside.
Eye met her in total darkness at a houseparty just like my favorite scene from the movie About Time with Rachel McAdams. Rachel & her love interest meet in a sensory deprivation Diner. U r served & dine in complete darkness. Imagine that meal.
The houseparty Eye met Marcie at wasn't pitch black dark by choice. Nearly all houseparties back in the day were dark inside because disco lighting was expensive. The best U might do would b 2 stand by the Xmas tree lighting so at least U could C who Ur dancing partner might b. As Eye Recall Eye just asked Marcie 2 dance because She was the closest in vicinity & Eye loved the song that had just come on. It was Skin Tight by the Ohio Players. The bass & drum on this record would make Stephen Hawking dance. No disrespect - it's just that funky.
Marcie loved inner exploration as much as Eye did. She could talk & talk & Eye loved 2 listen because She had a speech impediment. Her "R's" came out as "W's" as in
PWINCE & the WEVOLUTION

During these 4 mat ive years of getti'n & band 2gether and getting serious money-making gigs, there was one young woman who made more impact & left their impressions still being drawn upon 2day. Her name was Cari.

Cari was Introduced 2 me by my estranged sister Fyza. Cari was my 1st real girlfriend. A tough, ghetto girl who personified the very thing my Father warned me against. Cari's body was criminal & her curves were most dangerous on the weekend. Cari used 2 wear Sizzlers. Infamously short mini-dresses with Identical Underbottoms 2 match. In the Movie WATTSTAX, there's a Scene of a beautiful sister wearing a sizzler dancing 2 some funk. Nothing BY or since is colder than that sister engaging in this particular endeavor. Cari was the 1st girl 2 expose both a 2 just straight-up animal lust, where rational thought is overcome by the strength of physical attraction. This feeling will draw words from the pen that one doesn't even know exist. This feeling will make one combine words that don't go 2gether but just sound good & not only read them, U can smell them.

Once a writer has actually experienced something ↓ oneself then they can better tell others about it.

What happens when 2 lovers stare at one another without speaking, so long the separation between them disappears & they become One. One What?

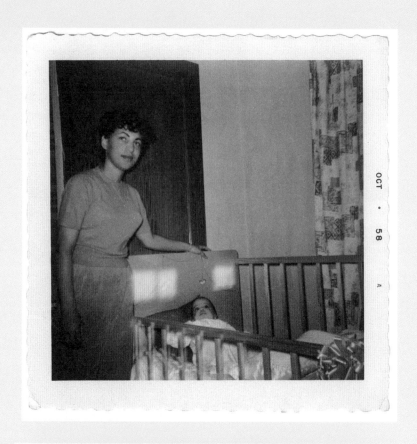

1. OS OLHOS DA MINHA MÃE

Esta é a minha primeira lembrança. Já teve a sensação de saber que alguém está sorrindo só pelo olhar? Era assim com os olhos da minha mãe. Às vezes, ela cerrava os olhos como se estivesse prestes a contar um segredo. Depois, descobri que ela tinha mesmo um monte de segredos.

O piano do meu pai. Esta é a minha primeira lembrança auditiva. Na juventude, o estilo dele era frenético, mas fluía bem. Era um som alegre.

Todo elogio é pouco quando se trata dos olhos e dos ouvidos do compositor. O visual e o som das coisas, quando comunicados liricamente, criam espaço e peso na música.

Claro, para este autor, não havia nada mais belo do que os olhos da mãe, mas por quê? Um dos motivos era a alegria. O prazer e a malícia que emanavam desse olhar.

Havia dois Princes na nossa **casa**. O mais velho chefiava a família, e o mais novo só se divertia. Mas não era apenas uma diversão típica da infância, com jogos de tabuleiro e tudo mais; era uma diversão com piscadelas. Minha mãe gostava de piscar para mim. Eu já sabia o que significava uma piscadela antes de aprender a soletrar meu nome. Um piscar de olhos indicava que algo secreto estava acontecendo. Algo especial, que só os envolvidos atinavam. Às vezes, quando meu pai não estava tocando piano, ele dizia algo para minha mãe, e ela piscava para mim.

Ela nunca me explicava o significado, e, às vezes, o gesto vinha com uma carícia suave no meu rosto. Mas tenho certeza de que esse foi o nascimento da minha imaginação física.

Um mundo inteiro de segredos e intrigas, de quebra-cabeças a montar e do bom e velho faz de conta. Um lugar em que tudo gira em torno de você. É fácil se acostumar a isso. Muitos artistas caem na armadilha da própria imaginação e nunca mais saem de lá. Muitos a condenam, chamando-a de autodestruição, mas prefiro o termo LIVRE-ARBÍTRIO. É assim que se vive. O caminho que escolhemos nos diferencia dos outros.

Minha casa era rosa. Já foi demolida. Parecia com as da série Mad Men, mas não tão sofisticada. Móveis simples. Lembro-me da vibração intensa que ela irradiava. Pessoas, vozes, energia. Parecia a família Kennedy, mas com gente negra. As mulheres usavam chapéus — como Jackie. Procure o estilo burguês negro do Meio-Oeste. Logo depois de Ellington. Não de Ellington como pessoa, mas da época que o sucedeu. Ellington era o herói do meu pai. Seu modelo. Ellington vinha em primeiro lugar.

As pessoas "diferentes" são as mais interessantes. As melhores músicas vêm de imaginações vibrantes. Personagens de faz de conta, vestindo roupas de faz de conta, criando memórias juntos, chamando tudo isso de Vida.

Meus pais eram lindos. Uma das melhores coisas para mim era ver os dois saindo de casa, bem-vestidos, para uma noite de festa na cidade. Mesmo quando minha mãe voltava um pouco bamba, era muito bom vê-los felizes.

Quando eles estavam felizes assim, tudo corria bem no mundo.

Hoje, lembro que o humor do meu pai mudava instantaneamente sempre que ele via minha mãe bem-vestida.

Ela gostava de atenção e recebia bastante dele quando estava deslumbrante. Entre os amigos e parentes, meus pais eram os mais deslumbrantes! Ninguém se produzia como eles. As joias, luvas e chapéus da minha mãe sempre combinavam. As abotoaduras, alfinetes de gravata e anéis do meu pai brilhavam contra o terno de seda sharkskin. Os ternos dele eram impecáveis. Havia muitos... Cada camisa tinha sua gravata. Minha favorita era uma com ponta de flecha que desaparecia logo abaixo do colarinho...

De fato, meu pai sempre se vestia melhor do que minha mãe. Talvez houvesse uma competição secreta rolando sem que ninguém soubesse. Ela nunca piscou para mim sobre isso.

2.

Eu assistia ao Superman na TV. Foi o primeiro programa que curti muito. Corria da escola para casa só para ver. Ficava admirando George Reeves, a capa voando no topo dos edifícios — era isso que eu queria. É engraçado ligar a TV nos Estados Unidos e ver pessoas brancas interpretando os heróis. Gente parecida com os criadores do programa. Quando você é negro e só vê heróis brancos, a imagem que tem de si mesmo fica marcada por isso.

Melhor do que ver Mamãe e Papai se produzindo para uma noite fora era ver os dois saindo.

Era aí que a Vida Imaginada começava. Um lugar onde eu podia me produzir e bolar uma fantasia totalmente minha. Uma história diferente a cada vez, mas sempre com resultados semelhantes — muito bem-vestido e ao lado de uma garota. Nesse mundo de fantasia, eu sempre vivia longe do público, em uma montanha, nuvem e até mesmo em uma caverna submarina. (O que tornava isso possível nunca vinha à tona, mas funcionava.)

Superpoderes — opcionais, mas sempre com um dom secreto de voar para entrar e sair dos locais a qualquer hora.

Lugares Ocultos, Dons Secretos. Uma parte da identidade que nunca aparece.

Essas são as ferramentas de uma imaginação vibrante e os principais ingredientes da boa música.

3.

BEIJO

Quando não tem uma beleza tradicional, que característica deixa a mulher irresistível para os homens? Esta é a resposta — uma imaginação totalmente funcional.

Laura Winnick tinha essa característica. Ninguém se deixava levar por uma fantasia melhor do que Laura. Nem mesmo eu. Ela dominava a língua inglesa como eu nunca vira antes. Era capaz de conversar com um amigo imaginário e fazer com que todos acreditassem a ponto de também conversarem com ele.

Laura tinha só cinco ou seis anos na época, mas sua única fantasia era brincar de Casinha. Enquanto todas as minhas cenas envolviam algum tipo de transmutação, Laura estava com os pés fincados na realidade. Era melhor do que televisão, e todos os personagens dela eram felizes, razoáveis e inteligentes.

Um dia, do nada, Laura quis que eu fosse seu marido.

Não seria o primeiro casal inter-racial de Minneapolis, mas, sem dúvida, era o mais jovem. Na época, todas as vidas importavam, então ninguém ligava para raça. Não no nosso mundo de fantasia, pelo menos.

Laura me beijou três vezes naquele dia. Cada uma dessas vezes foi minha primeira. O marido típico ganhava um beijo antes de ir para o trabalho, outro quando voltava e mais um antes de dormir. Aqueles beijos — observando a duração máxima de três segundos cada, de acordo com o Código Hayes, naturalmente — foram tudo para mim. Laura estava se iniciando em tudo e mexia a cabeça como as pessoas casadas faziam no cinema. Ainda hoje, a versão do meu pai para o clássico do jazz **"Laura"** é uma das minhas melodias favoritas.

Laura era parecida com Elizabeth Taylor, mas só um pouco. Tinha cabelos bem escuros.

Eu só soube algum tempo depois que meu pai tocava essa canção popular chamada "Laura". Essas coincidências me surpreendiam. Elas ainda me surpreendem.

4. PRINCE

A arte da caligrafia precisa de um renascimento. Todos devem ter um amigo para trocar cartas sempre que possível. Quando você tem um público que não julga, sua produção musical adquire um estilo mais fluido e honesto. Como minha mãe também era artista, sua caligrafia era impecável. Se ela escrevesse em uma folha em branco, ao final, as linhas dos parágrafos ficavam evidentes devido à precisão da sua coordenação. Ela me ensinou a escrever no jardim de infância. Começou pelo apelido (Skipper) e depois mostrou o nome: **Prince**.

Quando me ensinou a escrever o nome, percebi uma mudança no comportamento da minha mãe. Ela olhou para a palavra como, às vezes, olhava para o meu pai. Também era o nome dele. Aquele olhar reverente indicava prazer em me ajudar. Todo ano, as outras crianças e os professores faziam brincadeiras com o meu nome, mas isso nunca me incomodou, porque eu sabia que ele era especial. Ninguém mais se chamava Prince.

Só eu.

Os professores tinham dificuldade em me chamar de Prince. Não aceitavam esse nome. Para eles, não era adequado, como King também não era. Então, preferiam Skipper.

you know it's a strange thing, the things I dream of that is, you and me, in the house of our dream I keep picturing us in it, you in your smoking jacket me in my lounging outfit which I've already designed in my mind perhaps that's why I want you to buy us a hi fi because there's so many memory's so many words in records, in thoughts that you can put across that words can't reveal, Its almost an obsession in my mind. Our love I want to be a dream made into realality

If only you could see so deep down inside of me. When we have each other I fel that certain something that I can't say exactly in words with a pen in my hand. I can't put into writing either. I sometimes think I could paint it in a painting — someday I plan to do that or be able to express to a painter what I feel so they can put it down in a picture for our bedroom or a very special place in our home.

I would like very much for us to have dinner of the tea leaves tomorrow evenning & the rest of the evenning can be of your choice. Here's what I have planned for us.

A.M. — 8:00 — 10:30 — Clean hall & work etc.
12:00 — stop — until — Take to
12:30 — 2:30 = downtown Skipper to mothers
3:00 — dinner — Uncle Frank
4:30 — bed for you — until
7:30 — over we'll we'll talk about it tomorow, good night Sweetheart hurry home "Mallie"

When we can plan on vacation, we'll have a real nice time together just you and I. When you get time off like this week coming up.

It doesn't seem right telling you I love you every night so I'll have to think of something real different, that is, telling you I love you in a different way.

me →

← you

XXXX ←

kisses

A técnica da **Visualização** era comum na época, mas o termo ainda não existia. Quando eu queria que acontecesse algo, escrevia à mão ou à máquina.

Vejo que quase tudo naquelas listas se concretizou. Antes de compor uma música de verdade, as listas e estatísticas foram as minhas primeiras obras. A melhor lista era a de namoradas. Todas as meninas que eu curtia na escola estavam nela. Não importava se elas gostavam ou não de mim. Eu gostava delas — elas estavam na lista; mais cedo ou mais tarde gostariam de mim. Um dia, elas me veriam não como um garoto bonitinho do primeiro ano, mas como um super-herói, e morreriam de vontade de brincar de Casinha comigo.

O problema com essas Listas Visionárias é o tempo. É preciso ter paciência. Depois do encontro com Laura, que depois se mudou para um bairro melhor, eu precisava de parceiras reais para experimentar relacionamentos mais profundos e significativos no mundo subconsciente.

Sendo o menor da escola, eu precisava de um truque. Algo para chamar a atenção das pessoas. Resolvi dançar sapateado, seguindo as instruções da minha irmã mais nova, Tyka. **Tyka** dizia que eu era bom em tudo, e eu acreditava nela. Então, fui para o show de talentos da escola.

Mas meu sonho de estrelato na vizinhança quase foi por água abaixo. Quando anunciaram meu nome, bastante sem jeito, entrei no palco e dei início a um ra-tá-tá (sem música, naturalmente) que se estendeu por 28,5 minutos. Para mim, foram anos. Até que, enfim, parei. Acho que os aplausos que recebi foram por ter saído do palco. O público estava topando qualquer coisa para acabar com aquele barulho de sapateado.

Dwight Buckner e o irmão dele saíram junto comigo da escola naquela noite. Primeiro, para acompanhar minha irmã e a mim devido ao horário, e, em segundo lugar, para ridicularizar minha "performance". Dwight e seu irmão imitavam minha coreografia entre risos escandalosos. Dwight me dizia: "Qual é a sua? Depois dessa, os negros têm que parar de dançar sapateado!"

Eu estava me procurando fora de mim. Quando pequeno, você se vê nos outros e tenta descobrir quem é. As pessoas dizem: por que a pele dele está tão clara? Por que ele não envelhece? Isso se deve à imagem que tenho de mim. Não me vejo caquético. Por que seu cabelo é assim? Ele é assim porque não sofreu nenhuma alteração. Sabe aquela cena do filme *Matrix*, em que Neo passa a mão na nuca e comenta que os plugues não estão lá, e Morpheus fala: essa é sua autoimagem residual? Foi por isso que fiz as listas e esse tipo de coisa. Para mim, visualização é isso. Eu estava tentando ver quem eu seria no futuro.

Tyka me admirava porque eu era uma versão em miniatura do meu pai. Ela o amava e estava sempre debaixo da asa dele. Eu amava meus pais, mas guardava uma certa distância do meu pai. Nunca entendi por quê. Talvez porque ele representasse a disciplina.

Ele era meu vizinho. Morava na subida da rua. Vamos manter o seu nome completo, porque isso é muito engraçado. É tão típico da região! Parece um personagem de desenho animado. E não haverá nada além disso.

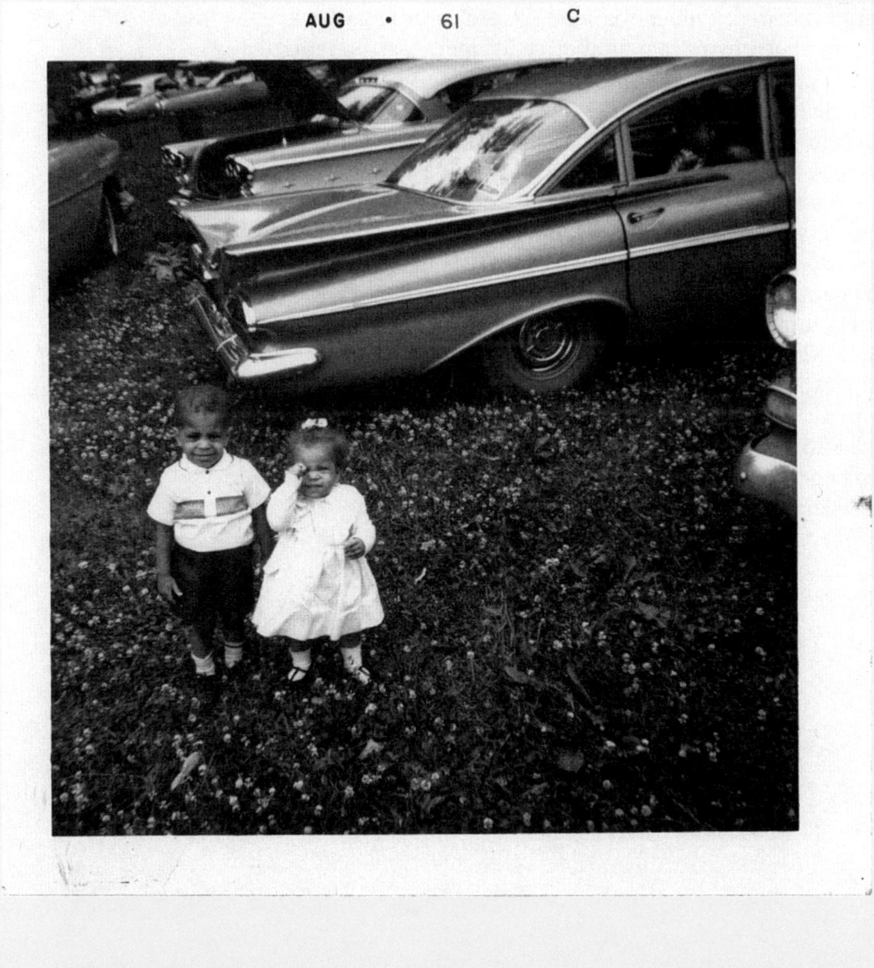
AUG • 61 C

Desde cedo, senti que havia outro poder, maior do que eu, conduzindo a minha vida. Primeiro, frequentamos a Igreja Adventista do 7º Dia, onde conheci a família Anderson. Fred Anderson e sua esposa, **Bernadette**, eram amigos dos meus pais. Embora eu nunca tenha perguntado, hoje acredito que Bernadette e minha mãe se ajudavam secretamente na gestão dos maridos. Na minha opinião, o planeta só chegou até aqui por influência do princípio feminino. Sei que posso baixar a guarda quando há uma mulher no local.

A primeira crise epilética de que me lembro ocorreu por volta dos três anos. Eu adorava brincar fora e me sentia completamente livre. Para mim, as nuvens tinham jeito de casa. Um dia, elas começaram a girar violentamente, e só me lembro de ser carregado pelo meu pai até a sala de estar e acordar no sofá. No hospital, fiquei sabendo que era epilético e que podia ter crises a qualquer momento.

Meu **cérebro** sempre foi hiperativo, e os apagões ocorriam em geral por pensar demais. Basicamente, este era meu estado normal: a hiper-realidade. A professora não era apenas alguém que ensinava o alfabeto e as operações matemáticas. Tinha que participar voluntariamente de um campeonato de luta na lama entre mim e os outros **professores** da escola. O torneio começava logo que eu chegava em casa, no octógono do meu cérebro. Voltar para a realidade era sempre terrível.

A última crise de que me lembro ocorreu no caminho para a casa da minha avó. Minha irmã estava à frente, andando ao lado da minha mãe. Só me lembro de sentar na calçada e de me sentir muito pequeno; as duas, cada vez mais longe. Eu ouvia minha mãe gritando: "Skipper! Levante-se! Venha até aqui. Não me faça voltar aí para carregar você." Foi isso que ela acabou fazendo, porque *esse* apagão foi muito ruim. Tive convulsões violentas que assustaram todo mundo; foi horrível. Não sei como minha mãe se via de verdade naquela época, mas agradeço profundamente a ela por ter encarado aquele pesadelo.

Segundo ela, logo depois do episódio, eu falei que um anjo havia se aproximado de mim e dito que eu não ia mais ficar doente. Nunca mais tive outra **crise**.

Ela era importante na comunidade. Acho que dedicarei um capítulo inteiro a ela. Nos documentários sobre North Minneapolis, citam o nome dela antes do meu. Você me perguntou sobre o princípio feminino. Para mim, as mulheres de origem africana têm uma linguagem silenciosa. É quase primitiva. Ninguém administra uma vila melhor do que as africanas. Elas estão sempre cochichando — não conte nenhum segredo, porque elas falam com todo mundo. Mas elas sabem que todos precisam de alguém para sobreviver. É como um pacto: se eu morrer, cuide dos meus filhos; se você morrer, eu cuido dos seus. É religião e família. É sólido. Todo nascimento vem do princípio feminino. Todos os reinos. É comunidade, não competição. Quando há muita testosterona em um local, os homens percebem. Eles entendem por que uma mulher sai com um homem que não está na competição, que entende o feminino. Isso é bom. North Minneapolis era uma área muito competitiva, havia muita testosterona. O feminino se perdera. South Minneapolis era uma comunidade muito unida. Não havia competição.

Você pode escrever este trecho na minha voz. Eu costumava olhar todos os objetos da casa até pirar. Talvez isso seja comum entre as crianças. Eu via rostos em tudo. Rostos que conversavam com outros rostos. Eu olhava para o mármore até ver rostos nele. Pensava: só eu entendo o código da casa. Todos os objetos me fascinavam. Ainda bem que havia a música. Compare isso com a Bíblia, em que tudo parece estar em código. Os lugares, em particular. Há algo escondido lá, algo sagrado. Níveis de significado. Quando chegamos mais longe, não conseguimos mais fazer outras leituras.

Minha professora era violenta. Eu a levava para casa [na imaginação]. Quando ela dizia alguma coisa, repreendia alguém, quando outra criança me repreendia, isso ficava comigo. Eu tinha que conversar com minha mãe ou passar um tempo sozinho para voltar ao normal. Eu estava sempre pensando. Quando uma criança recebe um golpe na clavícula, você sente a dor.

Não penso muito nas crises. Esta foi a primeira vez que me lembrei delas em um tempo. Porque eu sou eu no agora — entende? Eu sentia vertigem antes do apagão. Convulsões — faça uma pesquisa. Como o cérebro funciona aí? Muitas pessoas criativas sofrem disso. Só estou improvisando aqui. As convulsões podem ser uma forma de misturar as vozes. Apagões. Aí vem outro apagão.

A paz só virá quando a violência for irrelevante. Quando as pessoas perceberem que estão agredindo o próprio genoma.

Era incomum — foi traumático. A comunidade toda sabia. Meus pais nunca falaram diretamente. Foi assim: "Tenho que passar um tempo fora." "Você vai voltar?" "Acho que não." É melhor você escrever esta cena: minha mãe costumava ligar para o meu pai. Eram ligações e súplicas na madrugada. Ela queria que ele voltasse. Acordava a minha irmã e a mim para pedirmos que ele voltasse. Quando criança, você dorme para valer. Pode demorar um pouco, mas, quando acontece, é sono REM. Então, quando ela me acordava, parecia que eu estava sonhando. Havia música rolando. Ela colocava música de fossa, tomava um drinque e ligava. É por isso que escrevo canções de fossa tão boas, como "Nothing Compares 2 U". Nunca ouvi músicas tão boas quanto as minhas nesse tema. As flores estão mortas. [Imitando um telefonema urgente.] "Senhor, o jardim está morto." Conheço a sensação. Isso também vale para as canções de amor. Ninguém escreve canções de amor como as minhas. Só toco as músicas que têm amor, minhas e dos outros.
(continua)

A música cura. Há segredos tão sombrios que devem ser transformados em uma canção antes de ser encarados.

Minha mãe, apesar de muito carinhosa, meiga e extrovertida, às vezes era muito teimosa e completamente irracional. Ninguém podia conversar com ela nessas situações.

O som dos pais brigando é arrepiante na infância. Quando ocorre uma **agressão**, a sensação é arrasadora.

Uma noite, lembro-me de ouvir uma discussão seguida de uma briga física. Em dado momento, minha mãe entrou no meu quarto e me agarrou. Ela estava chorando, mas sorriu e disse: "Diga pro seu pai ser gentil comigo." Ela me usou como escudo para que ele parasse com as agressões.

O clima melhorou depois disso. Por um tempo. Minha mãe contratou um advogado para se defender do meu pai. Resumindo, ela queria chefiar a casa no lugar dele. Para ela, ele não era um homem prático, mas um fraco e simplório. Enquanto ela sonhava com aventuras e viagens, ele só queria colocar comida na mesa.

Há coisas que não podem ser empurradas para debaixo do tapete. Depois de vários problemas de comunicação e alguns episódios de violência, meus pais se **divorciaram**. Eu não fazia ideia do impacto que isso teria em mim. Aos sete anos, só queria ficar em paz. Um local tranquilo para ouvir meus pensamentos e criar. A separação foi boa para os dois. Eles precisavam explorar seus horizontes sem a interferência um do outro. Por um tempo, todos ficaram mais felizes. Meu pai passava todo fim de semana e nos levava para a igreja e depois para jantar. Era como antes, mas minha mãe não estava lá. A teimosia dela foi o ponto-final para os dois. Eu sentia falta de vê-la com a sua melhor roupa de domingo. Sentia falta dos olhos de admiração das outras crianças por eu ter a mãe mais bonita. Sobretudo, sentia falta da piscadela que ela me dava sempre que eu tinha alguma dúvida. Essa piscadela expressava que estava tudo bem. Mas, de fato, tudo estava diferente. Na verdade, só fui conhecer o meu pai depois de ele ter saído. Como o único homem na casa com ela, logo entendi por que ele tinha ido embora.

Ela era muito forte, e isso nem sempre era bom. Ela gastava a grana já curta da família em festas com os amigos, depois entrava no meu quarto, "pegava emprestada" a grana que eu ganhava trabalhando como babá e me castigava quando eu cobrava suas promessas de devolução.

WHEN DOVES CRY

Hoje, fico feliz por ter ajudado a colocar comida na mesa. Foi a primeira vez que tive grana e achei incrível. Ganhei dinheiro trabalhando como babá para JERRY "MOTORMOUTH" MAC, DJ e celebridade local. Ele e a esposa, a dançarina Tracy, eram o casal Ike & Tina Turner de North Minneapolis.

Jerry era ilustre na comunidade. Andava sempre estiloso. Esperto e de fala bem macia, ele sempre tinha dinheiro à mão para as gorjetas. Jerry dava gorjeta para todo mundo. Se estivesse com grana, todos tinham que ganhar um pouco.

Ele adorava elogiar minha mãe. Às vezes, ela pegava grana "emprestada" dele. Com certeza, nunca pagou. Jerry amava a música acima de tudo e recebia os discos antes de todo mundo. Ele era do grupo de DJs e donos de lojas de discos que tinham prioridade na distribuição. Esse acesso fácil ao som mais novo e irado fazia dele um figurão no bairro. Além disso, Jerry tinha uma bateria, um piano, um microfone E um amplificador que usava nas apresentações como DJ. Eu só tinha visto um amplificador quando os Beatles apareceram na TV. Nem fazia ideia de que esse aparelho seria mais importante na minha vida do que um fogão. Eu passava horas a fio no porão de Jerry, olhando os retratos das maiores estrelas do R&B: B. B. King, Bobby Blue Bland, Al Green e Joe Tex. Na parede, havia até fotos do meu cantor favorito, James Brown. Jerry me apresentou a Dee, o dono da loja de discos local, que ficava no final da Plymouth Avenue, o nome da rua na época. A **Dee's Record Shop** era nossa parada obrigatória. Toda visita à loja de Dee era um dia feliz.

Todas as músicas de que eu gostava eram compradas e transcritas. Só as letras, pois nunca aprendi a ler notação musical. Copiando uma letra, você analisa a estrutura da canção. "If U feel like loving me, if U've got the notion, Second That Emotion" [Se quiser se apaixonar por mim, se entender isso, libere essa emoção]. Depois, acompanhando a letra, eu aprendia os acordes que se encaixavam em cada verso, com o som tocando. Eu aprendia a tocar e cantar junto com todos os discos. A voz podia ser de homem ou mulher, tanto fazia — era o arranjo que me interessava.

Ao cantar junto com os discos — de James Brown, Ray Charles, Smokey Robinson e Aretha Franklin —, você desenvolve uma ótima extensão vocal e uma pegada de soul. Excelentes vocalistas são muitos, mas cantores com funk são poucos. Saber modular uma palavra no vocal e cantar com a velocidade e a sutileza certas é o que caracteriza um cantor cheio de funk.

Na verdade, os vocais desses cantores parecem conversas do dia a dia. Confira as entrevistas dos maiorais. Todo mundo sabe quem eles são. Quando sentimos vontade de dançar só de ouvir a fala deles, isso é funk.

(*continuação*) Com meus pais, era como se houvesse dois machos alfa brigando pela supremacia. Para minha mãe, não havia ninguém mais legal do que Prince, meu pai. Ele se vestia melhor e tocava melhor do que todo mundo. Era impossível ter isso com outra pessoa. Ela era caidinha por ele. Eu sempre digo que existe uma parte do coração que nunca devemos revelar. Minha vida inteira foi assim. Caso contrário (e já vi isso), a pessoa chega a um ponto em que se desilude totalmente. E se fecha para os outros.

Eu ia à loja de Dee com minha primeira bicicleta — uma bicicleta feia, estilo infantil. Assim que chegou, comecei a comprar lá, por volta de 1966. A loja de Dee deu lugar à Musicland, uma grande rede. Dee teve que fechar as portas. É a competição, a briga pelo domínio. Macacos e outros primatas poderiam lidar com a venda de música. Com o Clear Channel [o conglomerado de mídia que originou o iHeartMedia], a situação parece o filme *No Mundo de 2020* — pessoas servindo outras pessoas como alimento. Precisamos dizer que, apesar das infinitas tentativas de empurrar Katy Perry e Ed Sheeran, não gostamos disso, mesmo que eles toquem direto.

Em 1967 ou 1968, minha mãe se casou com Hayward Baker, de Chicago — o casamento foi lá.

Em teoria, os pais devem ficar juntos. Mas, no dia em que minha mãe **se casou novamente**, resolvi morar com meu pai, que amava a Bíblia e tinha classe e padrões morais sólidos. O oposto do meu padrasto. O melhor que posso dizer a seu respeito é que ele fazia minha mãe feliz. Aos 12 anos, deixei os dois viverem juntos e fui morar com meu pai. Foi o dia mais feliz da minha vida. Nunca teria chegado tão longe sem um professor. Eu precisava ficar perto do meu herói.

5. RECO-
MEÇOS

Eu acho que meu pai estava cutucando a minha mãe quando me deu o nome Prince. Para ela, eu curtia música um pouco demais. Ela não gostava disso, porque a música tinha acabado com seu casamento. Meu pai levava a música muito a sério. Todo mundo me achava estranho. Lembro-me de ter tido muitos sonhos estranhos. Passava muito tempo sozinho. Então, passei a focar a música. De certa forma, era mais importante do que as pessoas. (*Los Angeles Times*, 1980)

    No dia em que fui morar com meu pai, o horário marcado para ela me deixar lá era às 6h. Eu só soube disso muito depois. Por vingança, minha mãe alegou um compromisso e me apressou para chegarmos lá duas horas antes. Para mim, tanto fazia, e não falamos nenhuma palavra no trajeto de 12 minutos até o apartamento dele. Minha mãe parou o carro, eu saí e ela foi embora. Fiquei lá sentado, indiferente, até que uma alegria moderada se infiltrou na minha alma. Eu sabia que o melhor ainda estava por vir. Queria provar para o meu primeiro amor, minha mãe, que o nome **Prince** (o nome artístico do meu pai, que agora era meu) merecia seu amor, sua adoração e seu respeito.

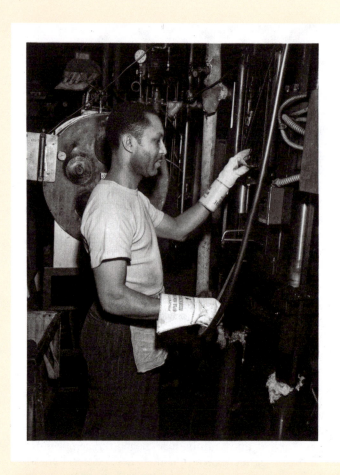

6. PUBERDADE

Depois de se casar novamente, minha mãe precisou ter comigo aquela conversa sobre como as crianças nascem. Eu nunca havia perguntado nada sobre isso, mas acho que havia um plano de iniciação rápida.
Recebi a revista *Playboy* e tive acesso à literatura erótica que havia por lá. Captei a ideia facilmente. Era bem pesado na época. Acho que teve um efeito bastante intenso na minha sexualidade. (Entrevista para Chris Rock no *VH1 to One*, em 1997)

A essência da religião é o autodesenvolvimento. Isso diz tudo.

Filmes só para maiores no drive-in? Isso nunca foi um problema para meu padrasto. Além de assistir, ele evitava a responsabilidade de ter **"aquela conversa"** quando nos levava para essas sessões.

Não que alguém ainda tivesse alguma fantasia sobre a prática de fazer bebês, mas assistir a um filme sórdido no drive-in não é a melhor forma de se educar sobre SEXO na puberdade.

Hoje, eu teria preferido ouvir a Canção de Salomão e debatê-la com uma pessoa próxima, mais velha, se possível. Mas fomos criados nas ruas. Eu não tinha o sangue do meu padrasto; ele fez o melhor que pôde no pouco tempo que teve. Só aprendi as bases que me acompanhariam nos próximos 25 anos quando fui morar com meu pai. Ele disse: "Tem namorada? Boa. Não se case e, faça o que fizer, não engravide ninguém. A gente se vê quando você chegar." Ele nunca teria me levado para assistir a um filme pesado. Era um homem que lia a Bíblia diariamente.

Ele mesmo fazia tudo de que precisava. Vi meu pai remodelar e pintar nossa casa, construir sozinho uma garagem e consertar quase tudo relacionado a carros. E, ainda por cima, tinha dois empregos — batia ponto na Honeywell Manufacturing e tocava piano nos clubes do centro de Minneapolis. Pedir para ele me levar ao filme *Woodstock* foi como pedir um novo cérebro ao Mágico de Oz. Pelo trailer, ele achava que ia assistir a um bando de hippies usando drogas e tomando banhos de lama durante três, quatro horas. Os garotos mais velhos, que já tinham visto, me diziam que havia mesmo um pouco disso, mas também MUITA MÚSICA!

A Whole New Concept In Music with the
PRINCE ROGERS TRIO

New Sounds!

New Music!

Featuring
- No One Else
- Spinning Wheel Blues
- Seventh Ave. Express
- How Come
- Blue Skirt Waltz
- One Kiss
- One Night of Love
- It's A Sin To Tell A Lie
- Red Sails In The Sunset
- September Song
- Deep Purple

- Laura
- I Wish You Love
- Blue Moon
- I Wonder What Became of Sally
- Sweet Sixteen
- Alice Blue Gown
- Irish Eyes Are Smiling
- Sentimental Journey
- Night Train
- Red Top

MANY, MANY MORE!

PRINCE ROGERS
PIANO

3728 FIFTH AVENUE SOUTH
MINNEAPOLIS 9, MINN.   PLEASANT 3046

915 LOGAN NORTH   MINNEAPOLIS

PRINCE ROGERS
A WHOLE NEW CONCEPT IN MUSIC

374-5764   MUSIC For All Occasions

Depois de convencer o Mágico de Oz de que não precisava de um cérebro, só de mais coragem para pedir, meu pai sorriu e disse: "Ok. Vamos domingo à tarde, depois da igreja."

Claro, aquele foi o culto mais longo da minha vida. Nas igrejas negras, o culto costuma ser longo, mas pensar em passar a noite com Santana, Jimi Hendrix e Sly & the Family Stone dificultou tudo ainda mais. Meu pai queria trocar de roupa. Lembro-me de ficar ao lado do carro, esperando por ele, tremendo de antecipação. Rememorando essa experiência, recordo o motivo que sempre me leva a fazer tudo que posso para chegar ao palco; alguém está lá, vendo o show pela primeira vez. Os artistas podem mudar a vida das pessoas com uma só performance. Nossas vidas mudaram naquela noite. Naquela noite, o vínculo que criamos me fez acreditar que eu sempre teria o apoio dele nessa paixão. Meu pai entendeu como a música era importante para mim. Dali em diante, ele nunca mais foi condescendente comigo. Passou a pedir minha opinião sobre as coisas. Comprou meu primeiro violão, porque um piano não cabia na casa da minha tia. O apartamento em que morávamos estava ficando muito pequeno para nós. Então, meu pai sugeriu que minha tia cuidasse de mim por um tempo.

4th QUARTER MID-TERM PROGRESS REPORT

Student __Prince Nelson__ Class __English__ Period __4__
Times absent from class __1__ Times tardy to class __0__ Homeroom __218__

PRESENT STANDING

Quantity of Work

- ___ completed more than required work
- ___ completed all required work
- ___ completed most required work
- _X_ completed only some required work
- ___ completed little required work

Quality of Work

- _X_ above average
- ___ average
- ___ below average

Prince could be doing much better work than he is, even though it is already above average. He has fine skills and a clever, perceptive mind.

The following behaviors are those that can help a student achieve the class goals and make the class a good learning place:

Your student generally........

	YES	NO	DOES NOT APPLY
Comes to class on time....................	X		
Brings necessary work materials..........		X	
Is a good listener when teacher or other students are talking..............		X	
Pays attention to instructions............		X	
Completes assignments in class............		X	
Makes up missed work......................			X
Treats other people with consideration....	X		
Willingly accepts a challenge and looks for new ones.............................		X	
Participates in class discussion..........	X		
Often gives aid or help to teacher and other students...........................		X	

SUGGESTED REMEDIAL MEASURES

- ___ come to class
- ___ come to class on time
- ___ make up work promptly
- _X_ pay attention in class
- _X_ complete assignments in class
- _X_ bring work materials

- ___ complete homework on time
- ___ study for tests
- ___ ask for help when needed

If you would like further information, please call Bryant Jr. High at 822-3161. Leave a message for me and I will return your call. If you would like to write comments, please do so on the back and return this sheet to me. Thank you.

Mrs. Hoben
(Teacher)

7. SOUTH-SIDE

O DJ local é um vórtice de energia. A missão dos DJs é unir as comunidades. O presidente deve ser como um DJ local.

Quando eu era garoto, havia testosterona demais para mim no Northside de Minneapolis. Após a mudança para o Southside, tive que ir para uma nova escola. André Cymone, que tem a minha idade e tocava baixo na nossa banda, sempre me deixava por dentro do que estava rolando. Brigas sérias, casos de gravidez acidental e até alguns tiroteios. Depois da morte de Kyle Ray, um **DJ local** muito querido na comunidade, tive que dar um tempo da cena. O Southside era um local secreto, que me distanciava da galera do Northside. Além disso, a PUBERDADE veio com a força de um furacão, e eu só conseguia pensar no sexo oposto.

O legal era que agora eu estava em um ambiente muito mais saudável. Minha tia Olivia, embora excessivamente religiosa (a mulher falava mais da Bíblia do que Jesus), me amava e cuidava de mim da melhor forma possível. Mas, com o marido, Mason, ela era rude, indiferente ao extremo e apática, sem nenhum motivo para isso (era o que eu achava). Um dia, durante uma das visitas de fim de semana do meu pai, perguntei o que havia acontecido. Ele disse: "Vamos dar uma volta de carro." Entendi. A situação já estava indo ladeira abaixo!

Saímos, e, pelo silêncio inicial do meu pai, compreendi que aquela não seria uma conversa comum. Ele disse que, antes de começar, queria que eu soubesse que minha tia Olivia era uma das pessoas mais doces que ele conhecia. Ela gostava de cuidar da casa e de receber visitas. Tinha uma risada muito intensa e sempre buscava um motivo para rir. Mas, no verão, ela voltou para casa de surpresa para pegar um suéter. Nesse dia, lamentavelmente, flagrou o marido e uma amiga dela da igreja com a mão na massa. Verdade ou não, eu achava que o problema não era esse, mas, com certeza, explicava bastante por que ela tratava o homem tão mal. Perguntei por que eles não se separavam, e ele disse: "Por causa da religião dela." Como, por que e quando a religião ficou tão complicada?

Passei a olhar para minha tia de forma diferente depois disso. Como havia perdido todos os movimentos das pernas, meu tio Mason dependia dela para tudo. A casa lembrava aquele filme *Louca Obsessão* às vezes. Eu passava a maior parte do tempo com meus amigos. No norte, tinha uma banda e, no sul, a combinação fantástica de Esportes + Garotas. Havia um cabo de guerra constante entre os dois locais.

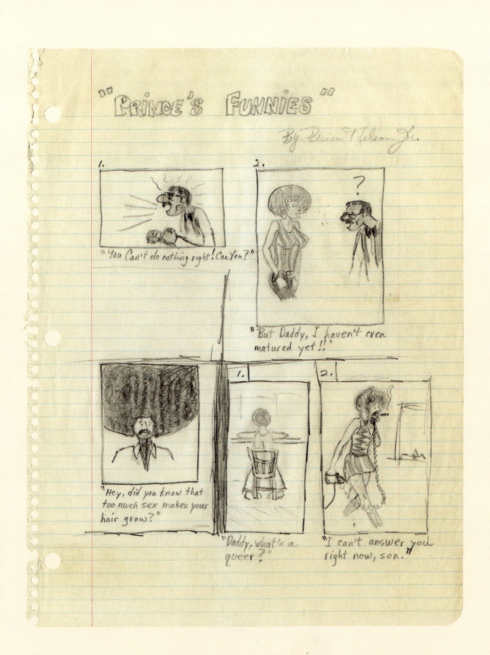

No final das contas, **Debbie** venceu. Havia muitos motivos para gostar dela. Primeiro, o penteado black. Era perfeito, redondo e grande. Nenhum fio parecia ter sido esticado nem um milímetro. Os cabelos eram longos de verdade. Segundo, Debbie tinha acne. Eu também, mas meu caso não era tão ruim quanto o dela, e isso a deixava vulnerável e acessível. Terceiro, tinha um corpo escultural; os Commodores ainda não tinham lançado Brick House, mas era nessa linha. Serena Williams sem a raquete. Outro ponto importante: ela amava música. Ela me apresentou à zona mais pop do R&B ("Draws Music"), mais direcionada para mulheres — antes de Debbie, eu não suportava nada que não tivesse um solo de guitarra. Se não fosse para transar, por que alguém ouviria "Sideshow", do Blue Magic, "Show Me How", das Emotions, e "Natural High", do Bloodstone? Debbie tocou "Show Me How" oito vezes seguidas até que eu a beijasse no verso "I want 2 kiss U right now" [quero beijar você agora]. Tive que dar um beijo nela porque não queria ouvir aquilo nove vezes.

A boa balada é aquela que deixa você no clima para fazer amor. A forma como a vocalista das Emotions grita "love, love, love U baby..." logo no início da parte final. Cara, ninguém precisa tocar os seios de Debbie para apreciar o valor de uma boa balada.

Tenho dúvidas sobre esta seção. Debbie me ensinou sobre as mulheres negras e seu amor pela música soul. Sobre como ouviam esse som. Foi no momento em que eu estava montando minha primeira banda. Debbie era líder de torcida. Imagine a Serena Williams como líder de torcida. Ela me trocou pelo quarterback do colégio. Um cara grande e bonito, capaz de lançar a bola do outro lado do campo. Eu não podia ser o quarterback da escola, então fui ser o quarterback da banda. Eu devia desenvolver mais isso — vou escrever mais aqui. Eu tinha 13 anos e já entendia tudo. Tudo se trata de autocriação. Eu sou meu pai. Sou o líder da banda. É uma coisa de macho alfa. Quando juntamos dois alfas, como eu e Lenny Kravitz, que tocam todos os instrumentos, não preciso dizer: ei, vamos fazer assim. Ele toca bateria e eu pego o baixo, ou ele o baixo e eu a bateria; depois, tocamos guitarra e, em 20 minutos, temos uma canção. Michael [Jackson] era um alfa. Não era o irmão mais velho, mas todos o ouviam. E quando ele partiu em carreira solo... [pense em uma explosão]. É a mesma história com Beyoncé. As pessoas criticam o jeito dela de falar com a banda, mas ela sabe o que quer. Ela está criando. A Bíblia diz que quando encontramos um líder assim, enquanto sociedade, devemos abrir espaço e ouvi-lo. Talvez seja melhor inventar uma palavra para isso.

Nesta música, atualizei o formato da balada de R&B para os anos 1980.

Esta é a minha pérola. Todo mundo tem pelo menos uma "pérola", só sua e de mais ninguém. A primeira que escrevi foi a canção **"Do Me, Baby"**, cuja introdução me lembrou da primeira vez que ouvi "Sweet Thing", da banda Rufus, com Chaka Khan no vocal.

Tudo na letra e no vocal é impecável. A melodia tem uma sequência perfeita de notas, e mais do que isso: o cantor é tão real que acreditamos em cada palavra. E o arranjo da pérola — guitarra, baixo e bateria. É uma das músicas lentas mais cheias de funk da época. Depois, lançaram muitas baladas nesse estilo, dos Ohio Players, dos Isley Brothers e até de Marvin Gaye.

Se você tem **funk**, vai percebê-lo até em uma balada. É isso que você é.

Superar as baladas de antes dos anos 1980 nunca me pareceu impossível. Eu já pensava assim antes, pois era um tipo diferente de fã. Minha postura se baseava em respeito mútuo, não em reverência. É impossível superar alguém quando adoramos essa pessoa. Mas, no segundo ano do ensino médio, eu estava "na antessala da adoração". O nome dela era Petey. Era a redução de um nome mais longo e estranho, como Patricia ou algo assim. Tanto faz agora. Petey tinha minha altura, meu peso, meu tom de pele e um penteado black do tamanho do meu. Feitos um para o outro. Depois de ouvir isso por aí, ela ficou com um dos meus melhores amigos de Southside, Tony. O próprio Tony afirmava que não tinha nada de bonito. Nem de longe. Para mim, ele parecia um monstro imenso e simpático!

Talvez a atração estivesse aí. Tony carregava os livros dela pelo corredor e, com um olhar, rechaçava quem se atrevia a olhar duas vezes para Petey. Céus, ela estava bem. Só tive um sonho com Petey quando estava dormindo, mas, durante todo o segundo ano, eu fantasiava com ela durante o dia. Era absolutamente patético, e ela nunca soube disso. Em dezembro, antes do intervalo da escola para as festas de fim de ano, Joanne e Denise — duas "Fast Girls" (campeãs olímpicas no beijo de língua) — estavam andando com um ramo de visco para beijar quantos caras quisessem. Sem nenhuma pressa de beijar aquelas batedoras do Batalhão de Canhões, fui rápido até o meu armário para pegar meu casaco e seguir para o ensaio da banda no Northside. A essa altura, Debbie havia me trocado pelo cara mais popular da escola — o QUARTERBACK do time de futebol. Claro. Então, a menos que Petey viesse, era melhor tocar guitarra. A essa altura, eu havia comprado uma Stratocaster creme idêntica à tocada por Jimi em Woodstock. Assim que cheguei ao armário, como em uma cena de um filme de John Hughes, a porta se fechou, e Petey estava logo atrás dela, perto demais. Meu coração deu um salto e correu para pegar o ônibus para casa. Então, ela disse, com a voz de bebê mais doce do mundo: "E aí, Prince? O que vai ser?" Para minha surpresa, Joanne e Denise estavam logo atrás de mim, segurando ramos de visco sobre a minha cabeça. À medida que Petey se aproximava lentamente de mim, meu coração voltou correndo pelo corredor e pulou no peito, agora cheio de coragem, para o seu devido lugar.

Tudo o que aconteceu depois foi em câmera lenta. Petey e eu nos beijamos como se soubéssemos exatamente o que queríamos. Petey me beijou como se tivesse planejado isso o ano todo. Foi tão bom que Joanne começou a gemer, e Denise teve que intervir: "Cala a boca, garota."

> O ritmo veio da África. Temos que parar de discutir isso. Ritmo e batimentos cardíacos.

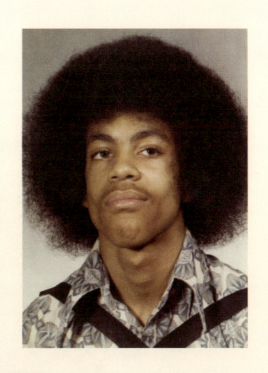

marcie + Prince

> Para mim, o tema central do livro é a liberdade. A liberdade de criar com autonomia, sem que ninguém diga o que, como, nem por que você deve criar. Nossa consciência é programada. Vemos as coisas de uma certa maneira desde cedo — somos programados para continuar agindo do mesmo jeito. Então, dedique sua fase adulta a superar essa condição, a identificar os programas. Tente criar. Quero incentivar as pessoas a criar. Comece criando seu dia. Depois, crie sua vida.

Petey não parava. Ela agarrou meu pescoço e aumentou a força do beijo. Denise disse: "Caramba! Vocês, hein!" Petey parou. Ela não soltou meu pescoço, só parou de me beijar, olhou para mim e disse: "Você gostou?" Ele acenou com a cabeça: SIM. Ela soltou, e as três saíram pelo corredor à procura da próxima vítima.

Nas nuvens, saí da escola naquele ano mais seguro do que nunca. Eu acreditava totalmente que estava vivendo a vida imaginada. Onde quer que fosse, na riqueza ou na pobreza — todos os meus **sonhos** se tornariam realidade.

Parei na Musicland, uma loja de discos parecida com a Blockbuster Video. A loja de Dee já tinha fechado havia muito tempo, e as grandes redes começavam a dominar o mercado. A lanchonete Wendy's abrira sua 1ª loja, mas eu não ligava para nada disso. Petey havia me beijado, e agora eu tinha o disco *Rufusized* — talvez meu álbum favorito da Chaka Khan, pelos motivos citados. A introdução do piano de "Pack'd My Bags" me fazia levitar. Lembro-me de expressar o que eu sentia por essa música aos meus amigos, mas ninguém entendia. Só Marcie...

Marcie morava em Northside.

Eu a conheci em meio à escuridão total em uma festa na casa de alguém, como a minha cena favorita do filme *Questão de Tempo*, com Rachel McAdams. Rachel e seu par romântico se conhecem em um restaurante com privação sensorial. O jantar é servido na mais completa escuridão. Imagine esse encontro.

A festa em que conheci Marcie não estava às escuras por escolha. Naquela época, quase todas as festas em casas eram no escuro porque a iluminação estilo discoteca era cara demais. A melhor opção era ficar perto da árvore de Natal para, pelo menos, sacar com quem você estava dançando. Se bem me lembro, chamei Marcie para dançar porque ela estava perto e adorava a música que tinha começado a tocar. Era "Skin Tight", dos Ohio Players; o baixo e a bateria desse álbum fariam o Stephen Hawking dançar. Sem faltar com o respeito — o som é cheio de funk.

Marcie amava a viagem interior tanto quanto eu. Ela podia conversar por horas e adorava ouvir, porque tinha um problema de dicção. Seus *Rs* saíam como *Ws*, como em PWINCE & THE WEVOLUTION.

Durante esses anos de formação, montando a banda e começando a fazer dinheiro em shows de verdade, uma moça causou um impacto bem maior e deixou marcas que ainda sinto hoje. O nome dela era Cari.

Apresentada pela minha irmã Tyka, Cari foi minha primeira namorada de verdade. Era uma garota do gueto, durona, que personificava todos os alertas do meu pai: o corpo de Cari era criminoso, e suas curvas eram as mais perigosas do fim de semana. Cari usava sizzlers — minivestidos escandalosamente curtos, com roupa de baixo da mesma estampa. No filme *Wattstax*, há uma cena com uma linda irmã de sizzler dançando funk. Nada antes nem depois conseguiu ser tão intenso quanto essa irmã e sua coreografia. Cari foi a primeira garota a expor o malandro aqui aos seus instintos mais primitivos. Nesse ponto, a racionalidade é vencida pela força da atração física. Esse sentimento extrai palavras da caneta que você nem sabe que existem. Combina palavras totalmente diferentes, mas que soam tão bem que você não só as lê, como também sente o cheiro delas.

Depois de experimentar algo de verdade, o autor comunica melhor essa vivência para as outras pessoas.

O que acontece quando dois amantes se olham por muito tempo, sem se falar, até que a distância entre eles desaparece e eles se tornam um só. Um o quê?

PARTE II.

FOR YOU

{ PHOTO BOOK— }

BORN: Dec. 19th, 1977
TIME: 3:00 a.m.
PLACE: 653 Redwood Ave. Corte Madera, California
MOTHER and FATHER: Me, Prince
[UP UNTIL PAGE 11] NATIONALITY: 11 Blacks, 4 Whites, 3 Mulattos and 1 Italian. (THAT MEANS THAT BLACKS ARE NO LONGER A MINORITY.) HA, HA, HA, HA, ...
REASON FOR BIRTH: Didn't have nothing better to do. Plus, I couldn't go to sleep.

WEIGHT: Pretty light.
HEIGHT: Tall as Sherman
FAVORITE PHOTO: That one —————→
REASON: 'CAUSE I GOT A LOTTA POSTAGE STAMPS LICKED THAT DAY.

DELIVERY: Fairly easy

FOOT PRINCE   HAND PRINCE

I HAVE TO STOP WRITING. THIS PAPER IS GIVING ME HAY FEVER! AAAHHCHOO!

MY FIRST CAR! CUTE, HUH?

MY "MANAGER" OWEN. COULD THIS BE WHY I'M BROKE?

THE TALKING FLY AND HIS TRAINER, MISS PICKUPANDBOOK

TYKA and ANDRE

"FIRST CAR WASH"

"SHUT UP!"

EDDIE AND SANCHEZE

OWEN — PREPARING FOR A VERY IMPORTANT MEETING WITH MO OSTIN. (President of Warner Bros.)

"I USUALLY BRING MY TEETH TO THE STUDIO"

THE WIND DOES GREAT THINGS FOR ONE'S HAIR!

VIEW FROM THE CELL I WAS IN WHEN I SIGNED MY 1st RECORD CONTRACT.

"PEE-PEE IS NOT A BAD WORD."
(ANDRE'S MOTHER, BERNADETTE)

"FOX STROLLING DOWN A BLOCK IN L.A."

"Sunset in L.A."

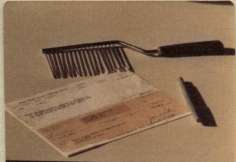

"My first check from the company"

View from the Sheraton Universal Hotel

"HEY, WHAT'S HAPPENING?!"

✓ BAD DAD

"HIT ME IN THE CHEST! GO AHEAD, TAKE YOUR BEST SHOT!"

?

"THE LAWN AND ROBIN CROCKETT"

(my cousin Deniece)

Tommy, in his usual position

(Tommy Vicari - Engin-nnneered my 1st album)

'This broad could stop traffic'

KISS ME, C'MON I DARE YOU!

NO, THIS NOT A POSTCARD!

"I MUST PROVE TO THE WORLD THAT BLIND PEOPLE CAN PLAY TENNIS TOO!"

MY FIRST
MONEY-PAYING
GIG"
WAS DONE HERE.
CAPACITY CROWD
OF 113 CAME.
BOY, WAS IT
WET.

2 PAGES
LATER,
STILL
THERE!
YES, THERE'S
SLEEP IN YOUR
EYES!

"PWINCE!"

100

Marcie
Dixon

98

"My...shrink... says,...I'm not getting enough silicone."

BEFORE...   ...and after the operation

"My first House"

Yellow?

"Now's as good a time as any to learn to ride this mug."

DAD

Sausalito

View from front yard at house in L.A.

2810 Montcalm Hollywood

"♪ It's impossible ♪ to stick a caddillac ♪ up your ♪ nose!"
(The Brothers Funk)
David R.
&
Owen

Venice, Califorry

Pictured with cane is Thomas Edison

"I GOT FIVE HITS!"

Pepe & Willie

"Why don'tcha come up and see me and the dog sometimes"

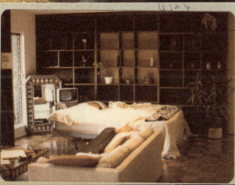

The bumproom in L.A.

"Are you sure groupies get their start like this?"
"Don't bite off your tongue when you snap the picture."

Don't worry! I've seen better faces on an Iodine bottle!

2810 Montcalm
Andre in window
Tommy & Diane is right dare ←

Nos últimos anos, a escola estava um tédio total. A música me absorvia cada vez mais. Quanto mais shows eu fazia durante a noite, mais odiava pensar em ir à escola de manhã.

    Um tempo depois, aos 17 anos, eu havia me formado, mas ainda estava frustrado. Precisava mergulhar de vez na música, mas não sabia quanto tempo eu conseguiria sobreviver fazendo isso. No entanto, eu sabia que não queria um emprego convencional. (*Insider*, 1978)

This is a crazy-crazy snapshot of me in Venice.

This is the terrace outside my bedroom. I sit out here and think, sometimes.

This is my bedroom. Notice: I still don't make my bed.

Another shot of my bedroom. There's the little amp you bought for me on the chair.

Quando terminei o ensino médio, foi uma época interessante, porque eu não tinha dinheiro, não tinha escola, não tinha dependentes, não tinha filhos nem namoradas, nada. Eu estava totalmente afastado de tudo. Foi aí que comecei a compor de verdade. Escrevia três, quatro músicas por dia. Todas muito longas. Isso é interessante para mim como autor, porque é difícil desenvolver uma ideia por muito tempo sem perder o fio da meada. Agora, acho mais difícil compor do que naquela época, porque tem muita gente perto de mim. Escrevi muitas músicas quentes naquela época, mas eram principalmente sobre coisas que eu queria que acontecessem, não sobre coisas que *estavam* acontecendo. O que é diferente do que escrevo agora. (*Musician*, 1983)

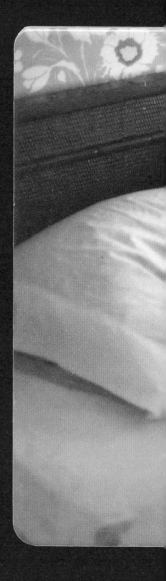

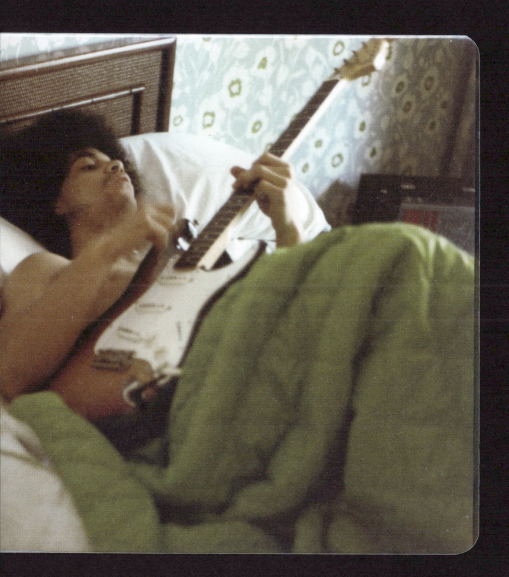

I took this picture of the heater and I, in the bathroom window. mirror (sorry :))

De início, fui para Nova York e recebi duas ofertas quando morei lá com minha irmã. O problema era que eu não tinha ninguém para me apoiar e conseguir para mim o controle artístico sobre a produção como um todo. (*New York Rocker*, 1981)

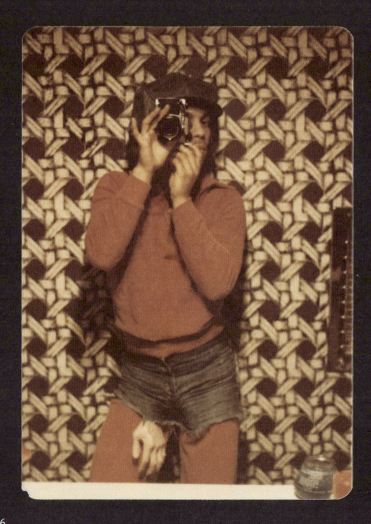

Minha impressão sobre esse período é que foi parte de uma busca. Quando eu morava com minha irmã Sharon, tive uma relação com uma produtora que estava sempre me empurrando a versão dela. Ela me via apenas como um cantor. O tipo do cara que vai pelo caminho das mantas de seda, salto alto e Cadillacs brancos. Sabe como é, alguém que se veste e canta do mesmo jeito — um vocalista meigo e bem-vestido. Tentei explicar que, apesar de ainda não ter entrado na indústria fonográfica, eu sabia quem eu era e, com certeza, sabia o que faria e o que não faria para entrar. Eu disse que nunca me vi como um cantor. Sempre me vi como um músico que havia começado a cantar por necessidade. Acho que não consegui terminar, mas tentei explicar que, para mim, a voz é só um dos meus instrumentos. É uma das coisas que faço. (*Insider,* 1978)

[Canto em falsete] porque, quando minha voz mudou, ficou mais grave, e eu não conseguia mais tirar energia dela assim. Ela não tinha mais vida, por assim dizer. Eu não conseguia extrair a energia dessa voz. Com a voz mais aguda, era mais fácil atingir as notas mais altas. Gosto dessa palavra, *high* [agudo]. Há algo nela. Além disso, dói quando canto forte demais com a voz grave. Meu falsete não dói. (*The Minneapolis Star*, 1979)

Quando voltei para Minneapolis, conheci Owen Husney. Até então, só tinha falado com ele por telefone. Ele queria ser empresário. O principal argumento dele era que ninguém mais podia produzir o meu disco — só eu. Owen acreditava em mim, acreditava de verdade. Antes de mais nada, ninguém confiava em mim para tocar todos os instrumentos. Bem, recebi algumas propostas, e a única diferença entre a Warner Bros. e as outras é que a Warner não queria me deixar produzir, não queria que eu planejasse nada dos discos. (*Musician*, 1983)

Sou muito teimoso, um grande cabeça dura. Quando quero alguma coisa e acredito nisso, luto com todas as forças. O primeiro álbum — eu me achava totalmente capaz de produzi-lo. Eles — os figurões — tentaram me empurrar para o som do momento, do pessoal que estava no topo das paradas. Eu só queria distância daquilo. Então, lancei "Soft and Wet", e correu tudo bem. Ninguém estava fazendo esse tipo de coisa.
(*Ebony*, 1986)

> **No. 3590**
>
> **Sold To** Owen Husney
> 653 Redwood Ave.
> Corte Madera, Ca. 94925
>
> **DATE** 12-30-77
>
> Polymoog synthesizer rental for PRINCE
>
> Dec. 19 and 20 @ $50/day $100.00
>
> check to: Shirley Walker
> 323 Strand Ave.
> Pleasant Hill, Ca. 94523
> soc. sec. # 545-74-4250
>
> Owen:
> I will send you the repair bill for reloading the keys. The note that went out is covered on warrenty. Good luck with the album. Hope it goes Platinum in the 1st week.
>
> **INVOICE**

Eu queria que o disco tivesse um som diferente. De início, o plano era usar um naipe de metais, mas é muito difícil soar fora do comum usando os mesmos instrumentos. Sem metais, eu podia fazer um álbum que soasse diferente de cara. Então, criei um conjunto de sopros gravando várias faixas com sintetizador e alguns trechos de guitarra.

Acho que o principal erro dos artistas ao tocarem todos os instrumentos é não ter um excelente domínio em todos — geralmente, há um ponto mais fraco — ou não tocar com a mesma intensidade em todas as faixas. É um projeto difícil, mas você deve se convencer de que cada faixa será única e de que só você tocará o instrumento em questão. Então, a cada vez que entrar na cabine de gravação, toque como se fosse a única chance. Assim, você grava uma banda inteira tocando com a mesma intensidade. (*The Minneapolis Tribune*, 1978)

> **Soft-n-Wet** by Percy
>
> Hey, lover... I've got a sugar cane
> That I wanna lose in you, baby, can you stand the pain?
> Hey, lover... baby, don't you see?
> There's so many things that you do to me.
> (Oooo Baby)
> All I wanna see is the love in your eyes.
> All I wanna hear is your sweet love sighs.
> & All I wanna feel is your burning flame.
> Tell me, tell me baby that you feel the same.
> (Tell me, that you feel the same way I do. Tell me that you love me, girl)
> If this is lust, then I must confess, I feel it every day.
> If this is wrong, then I long to be as far from right as I may... Soft-n-Wet, Soft-n-Wet...!
> Everytime I'm with you, you just love me to death.
> Oooo Wee Baby, You leave me without... breath!
> (Oooo baby)
> OVER ⟶

Eu sempre tentava convencer a banda a fazer algo diferente e sempre apoiava ideias nessa linha. Nas discussões, brigas ou algo do tipo, era sempre eu contra eles. Por exemplo, quando escrevi "Soft and Wet", meu primeiro single. Gostei muito da música, mas todo mundo achou a canção meio depravada. Diziam: "Nada a ver isso de você fazer as coisas sem a gente." Só fiz o que estava a fim de fazer. Foi isso. (*Musician*, 1983)

SOFT-n-WET

You're just as soft as a lion tamed and
You're just as wet as the evening rain.
I really dig it when you call my name
Your love is driving me, You're driving me insane.
Crazy baby, Oooo girl. Crazy 'bout your love

Soft-n-Wet   You are...
Soft-n-Wet   Your love is...
Soft-n-Wet   Oooo____
"Soft-n-wet"

THE END

SOFT & WET

ANGORA FUR, THE AGEAN SEA
IT'S A SOFT, WET LOVE THAT YOU HAVE FOR ME
BEYOND THE STARS, BENEATH THE SEA
THERE'S SO MANY THINGS THAT YOU DO TO ME

ALL I WANT TO SEE IS THE LOVE IN YOUR EYES
ALL I WANT TO HEAR IS YOUR SWEET LOVE SIGHS
I'M HIT WITH THE ARROW AND FEELING THE PAIN
TELL ME, TELL ME, TELL ME THAT YOU FEEL THE SAME

IF THIS IS LUST, THEN I MUST CONFESS I FEEL IT
EVERYDAY IF THIS IS WRONG, THEN I LONG TO BE
AS FAR FROM RIGHT AS I MAY.

EVERYTIME I'M WITH YOU, YOU JUST LOVE ME
TO DEATH, OOO WEE BABY, LEAVE ME WITHOUT
BREATH!

YOU'RE JUST AS SOFT AS A LION TAMED &
YOU'RE JUST AS WET AS THE EVENING RAIN &
I REALLY DIG IT WHEN YOU CALL MY NAME
YOUR LOVE IS DRIVING ME, YOU'RE DRIVING ME
INSANE, CRAZY, BABY! & CRAZY 'BOUT
YOUR

SOFT & WET - 8 times
END ON 9

Side One "Prince / For You"
1. For You (P. Nelson)
2. Bodyfreeze (P. Nelson)
3. Never Really Fell Out Of Love With You (P. Nelson)
4. You Are Everything To Me (P. Nelson)
5. I Spend My Time Loving You (P. Nelson)

Side Two
1. Soft and Wet (C. Moon/P. Nelson)
2. Baby (P. Nelson)
3. Let Me Touch You (P. Nelson)
4. Love In The Morning (P. Nelson)
5. Send In The Clowns (J. Collins)

612-871-6200 : Owen Husne
    Warner Bros.
    A&M
    Columbia

Dave Rivkin - home - 827-6597

PRINCE...

...18-year-old Producer, Arranger Songwriter and only performer on a magnificent debut album from Warner Bros. Records...

PRINCE ~ FOR YOU

Personal Management:
Owen R. Husney/American Art
420 ...
... Minn School

"Baby" - continued vocal harmonies
(Chorus at end)

chorus:
turnover: 1. tape notes
2. harmony from E (lower harmony)
3. higher harmony from B
4. low mult to B
5. mult lead on climax high note

verse: same as 2nd verse
3rd

last
middle: 1. tape notes - F# to Ab vibrato on 2nd note
2. A to B vibrato on 2nd note (higher harmony)
3. lower harmony - B to Db
4. same as 1st middle
5. same as 1st middle

last
turnover: same as turnover above

chorus: 1. tape notes
2. higher harmony for 1
3. harmony higher for 2 just on "ah" mult 2 on "Baby"
4. Lower harmony than tape notes
5. Lower harmony than 4

end: 1. mult to lead
2. A scale (ascending to 9th degree) harmony on "just like yours"
3. 3rd degree scale (" " " ") harmony " " " "
4. 5th " " (" " " ") echo just like yours
5. Echo just like yours echo "

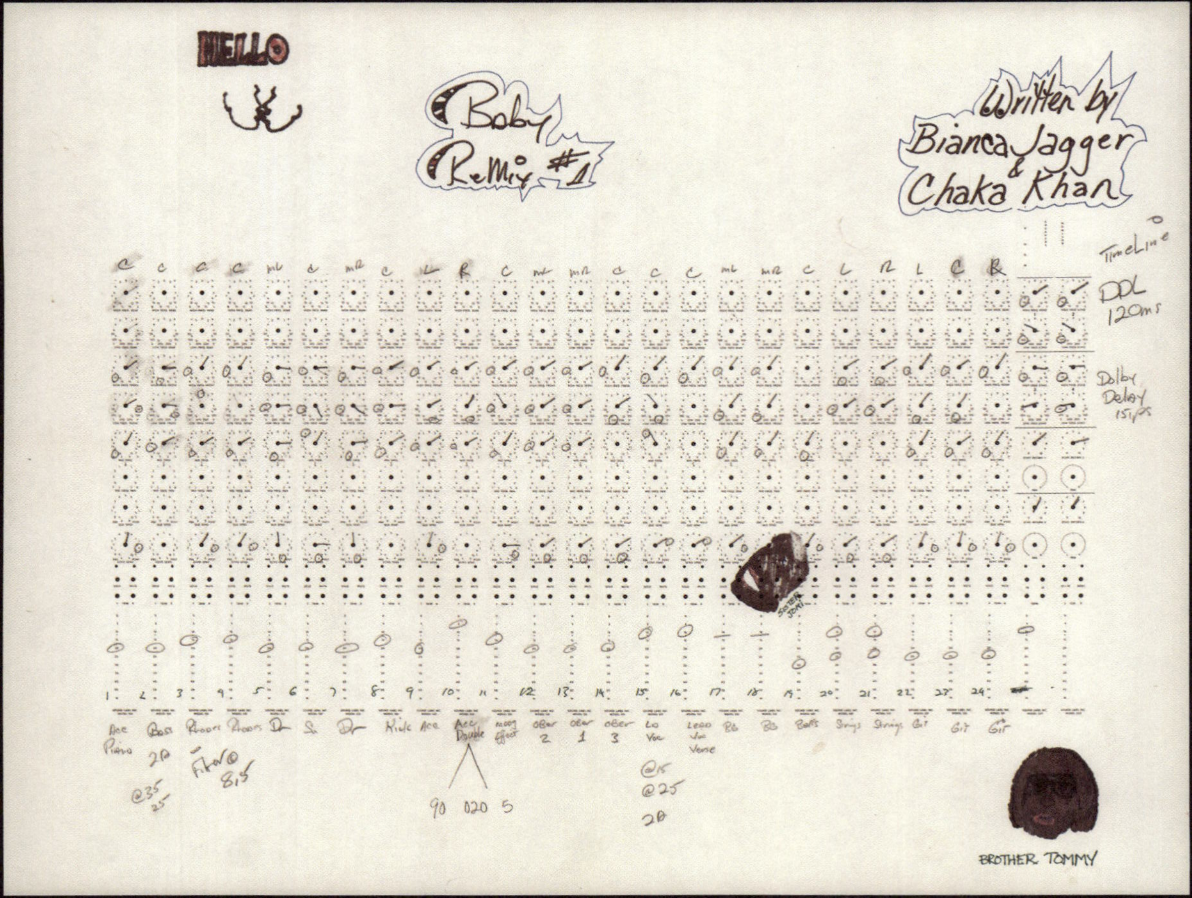
HELLO
Baby ReMix #1
Written by
Bianca Jagger
&
Chaka Khan
TimeLine
DDL
120ms
Dolby
Delay
15ips
BROTHER TOMMY

"One of the Brothers Swanson" by Jerry Lewis

Eu estava dirigindo meu Datsun quando ouvi pela primeira vez a minha música no rádio. Foi mais do que inacreditável — meu coração foi pelos ares. (*Insider*, 1978)

Não soa como eu. Quando ouço "Soft and Wet"
no rádio, parece outra pessoa cantando.
(*Right On!*, 1979)

Fizemos uma sessão de autógrafos para 2 mil pessoas. Foi incrível. O público superou todas as expectativas. As pessoas começaram a subir no palco, e tivemos que ir embora. Foi muito bizarro. Os organizadores ficaram lá no palco, jogando pôsteres. Foi uma loucura. Todo mundo perguntava se meu nome era mesmo Prince. Era a principal curiosidade, essa e: "Qual é o significado de 'Soft and Wet'?" Tudo que você puder tirar da canção. O pessoal do rádio também me fez essa pergunta, e eu disse que a música era sobre desodorante. Acho que ninguém acreditou. (*The Minneapolis Star*, 1979)

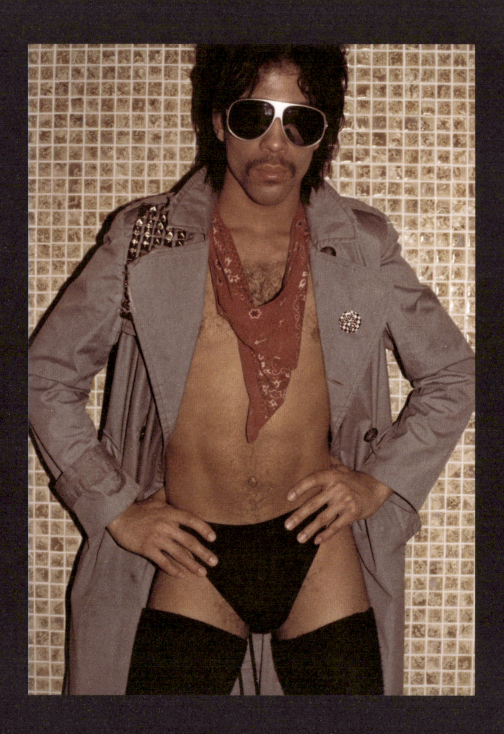

PARTE III.

CONTRO-VERSY

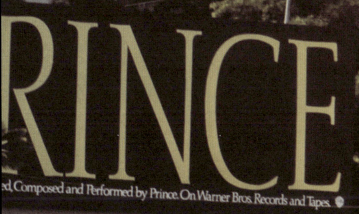

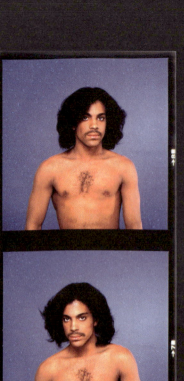
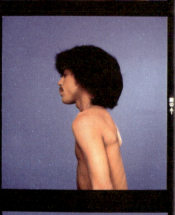

Gastei muito dinheiro com estúdio no primeiro álbum, e foi como se dissessem: "É um moleque tentando fazer o trabalho de um homem." Mas, como disse antes, sou muito teimoso e só quero o melhor; então, tentei fazer melhor na segunda vez, produzindo um hit e gastando o menor valor possível. Meu segundo disco custou US$35 mil; o primeiro custou quatro vezes mais. O segundo vendeu muito mais do que o primeiro. O terceiro [*Dirty Mind*, de 1980] começou com algumas demos. Pensei: "Se eu colocasse meu sangue no vinil, esse seria o resultado." E foi assim. (*Ebony*, 1986)

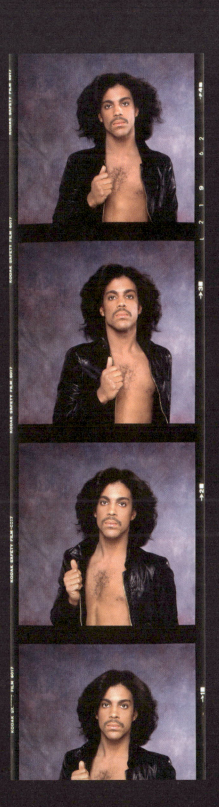
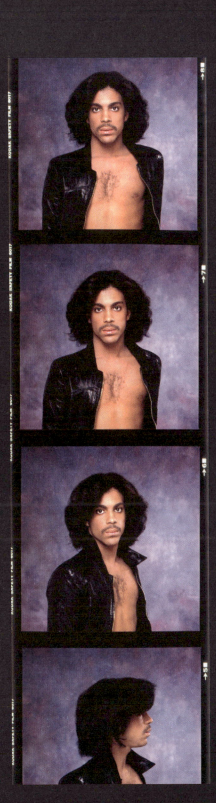

2 col. heads

PRINCE

PRINCE

PRINCE

1 col. heads

PRINCE PRINCE

PRINCE PRINCE

Prince. He scored big with the soul/disco hit "Soft And Wet" from his debut LP. His second, produced, arranged, composed and performed by Prince, includes the single "I Wanna Be Your Lover," "Why You Wanna Treat Me So Bad?" and "It's Gonna Be Lonely."
On Warner Bros. Records and Tapes
Mfr. list price $7.98 (Tapes $7.98)

On Warner Bros. Records and Tapes
On Warner Bros. Records and Tapes

On Warner Bros. Records and Tapes   On Warner Bros. Records and Tapes

1½" Cover / 9 Picas

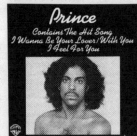
65 Line Screen (Newspaper)
BSK 3366

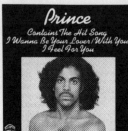
65 Line Screen (Newspaper)
BSK 3366

65 Line Screen (Newspaper)
BSK 3366

100 Line Screen
BSK 3366

2¼" Cover / 13½ Picas   1½" Cover / 9 Picas   Catalog

65 Line Screen (Newspaper)
65 Line Screen (Newspaper)

BSK 3366
BSK 3150

65 Line Screen (Newspaper)
65 Line Screen (Newspaper)

BSK 3150

65 Line Screen (Newspaper)
BSK 3150

100 Line Screen
100 Line Screen

BSK 3366
BSK 3150

173

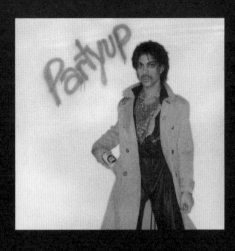

Mais do que sexo, minhas músicas falam do amor entre os seres humanos, algo mais profundo do que qualquer comentário político de alguém.
A necessidade de amor, a necessidade de sexualidade, de liberdade básica, de igualdade. Essas coisas não saem intencionalmente. O problema é que minha postura é tão sexualizada que ofusca todo o resto — talvez eu não esteja tão maduro como autor a ponto de falar sobre tudo.
(*Melody Maker*, 1981)

Na época, a gente só estava brincando, fazendo jams. Era verão, só diversão. Era isso que eu estava usando. Mas o meu casaco estava fechado, e o fotógrafo não sabia. Eu estava com alguns amigos e… Bem, um casaco grande… Quem sabe o que está debaixo dele? Fazia muito calor. Todo mundo dizia: "Por que você está com esse casaco tão quente?" Eu respondia: "Não estou com tanto calor assim." E diziam: "Está sim."
(*Musician*, 1983)

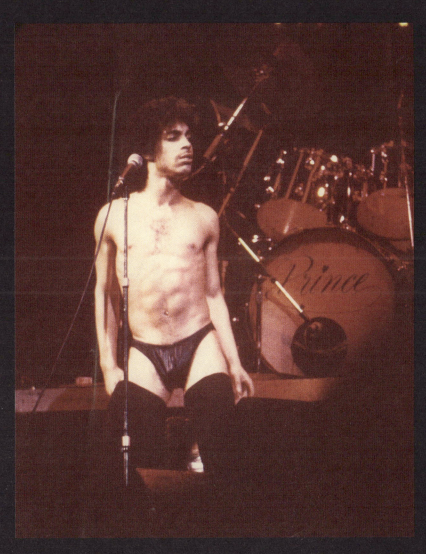

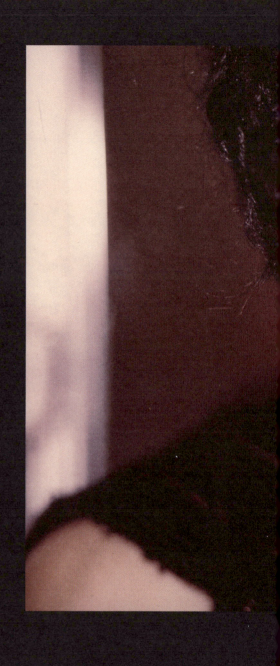

Dirty Mind

There's something about you, baby
　　It happens every time
Whenever I'm around you baby
　　I get a dirty mind
It doesn't matter where we are
　　Doesn't matter who's around
It doesn't matter I just wanna lay you down

~~In your~~ ~~take you for a ride~~
✓ in my daddy's car.
It's you, I really wanna drive
but you, never go too far.
Stop ~~I guess I'm~~ ~~a~~ ~~kinda~~ man
I may not be your style, but honey,
All I wanna do is just love you for a little while
　　~~just a little while~~

　　~~I really get a dirty mind~~
✓　　~~whenever you're around~~
If you got the time
I'll give you ~~some~~ money
to buy ~~my~~ dirty mind.
Don't ~~misunderstand~~ me
　　I ~~don't~~ fool around, but honey
You ~~got~~ me on my knees, won't you please let me,
　　　　lay you down
✓ After Bass Solo
I really get a dirty mind, whenever you're around
It happens to me every time
You ~~~~ just got a let me ~~gotta~~ go lay ya, gotta let me
lay ya, lay ya, Repeat , down　　over
　　　　　　　　　　in my.

in my daddy's car
It's you I really wanna drive
Underneath the stars.
I really got a dirty mind
Whenever you're around
I don't wanna hurt you, baby
I only wanna lay you down

Eu me visto assim porque não gosto de roupas. Estas são as mais confortáveis. (*The Minneapolis Star*, 1980)

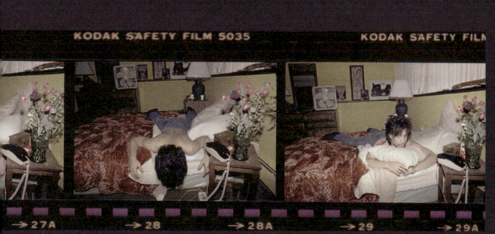

Meu pai tocava em uma banda de jazz, e assisti a um show dele quando tinha uns 5 anos. A ordem era ficar no carro, mas fugi e entrei no bar. Ele estava no palco; foi incrível. Eu me lembro de pensar: "Toda essa gente acha o meu pai um máximo." Eu queria fazer parte disso...

Quando mostrei o disco *Dirty Mind*, ele disse: "Você está falando palavrão na gravação. Por quê?" Eu disse: "Porque é assim que eu falo." Tivemos uma grande discussão sobre o que se pode ou não fazer em um disco. Para mim, você pode fazer o que quiser. Meu objetivo é excitar e provocar o público em todos os níveis. (*Los Angeles Times*, 1982)

Não há nada como a sensação de produzir algo e ouvir o resultado, sabendo que você nunca vai ouvir nada igual e que ninguém nunca vai sacar nada daí. Perdão, sei que soa estranho. Esse "sacar" vai nesta linha: vou cantar tão alto e oscilar tanto que, se alguém tentar, vai perder as amígdalas.

    Não quero enganar ninguém. A vida já é muito confusa, e não quero dificultar ainda mais a vida dos outros. (*Musician*, 1983)

VAGINA (HALF-BOY, HALF-GIRL)

HAD THE BEST OF
BOTH WORLDS

VAGINA WAS HALF-~~GIRL~~ BOY, HALF-~~BOY~~ GIRL
HER HAIR WAS SHORTER THAN MINE
SHE TOLD ME SHE LIVED IN THE ~~CITY~~.
I NEVER KNEW WHEN SHE WAS LYING.
1st SAW HER IN A GAY BAR, KISSING ANOTHER GIRL
I TOLD HER, "BABY, I'M A ~~XXXX~~ LOOKING FOR A TURN", AND SHE SAID...
"WELCOME TO MY WORLD." "WELCOME TO MY WORLD"
VAGINA WAS ~~HALF-BOY~~, HALF-GIRL
SHE ~~TAUGHT~~ SHOWED ME HOW TO DANCE
WE USED TO DO IT, USED TO DO IT WITH THE T.V. ON,
A POLITICAL ROMANCE.
HALF-BOY! HALF-GIRL! THE BEST OF BOTH WORLDS!
"   "   "   "   "

2. VAGINA WAS HALF-BOY, HALF-GIRL
SHE HAD HER OWN WAY OF DOING THINGS
MY BABY, SHE SHOULDA BEEN KING,
'CAUSE SHE WAS STRONG, BUT SO UNDERSTANDING.
BRIDGES

3. VAGINA, HALF-BOY, HALF-GIRL
~~YOU~~ NEVER TOLD ME HOW ~~YOU GOT YOUR~~ NAME
GUESS ~~YOU~~ WANTED A LITTLE FAME.
I ~~GUESS YOU~~ GOT ~~WHAT YOU~~ WANTED.
WELL, GUESS YOU GOT WHAT YOU WANTED
SHE NEVER TOLD ME HOW SHE
GOT HER NAME

A B C D E F G H
L M N O P
Q R S T U V W ~~X~~

CHANT – HALF-BOY, HALF-GIRL
THE BEST OF BOTH WORLDS

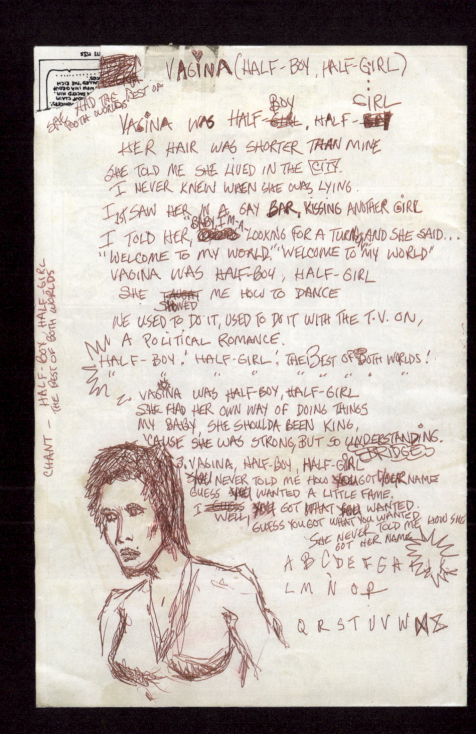

Quando comecei a tocar, me interessava pelas mesmas coisas que atraem a maioria das pessoas para esse meio. Queria impressionar meus amigos e ganhar dinheiro. Por um tempo, foi apenas um hobby. Depois, se tornou um trabalho e um meio de sobrevivência. Agora, vejo como arte. Depois do *Dirty Mind*, percebi que posso me dar bem com qualquer coisa. Só preciso ser sincero comigo mesmo. Posso fazer os discos que quiser e me dar bem. Eu me sinto livre. (*Los Angeles Times*, 1982)

<PARTY>

WE DON'T GIVE A DAMN, WE JUST ~~CAME TO~~ WANNA JAM
~~PARTY UP~~
~~THE~~ COOL BAG, IS ~~JUST~~ SUCH A DOUBLE DRAG, PARTY UP
GOTTA, GOTTA GOTTA PARTY UP (PARTY UP, GOT TO PARTY UP)

GOT TO PARTY DOWN BABY REVOLUTIONARY ROCK'N'ROLL
GOING UPTOWN BABY ~~B~~ YOU JUST GOTTA LET YOURSELF GO ~~GOTTA~~
                   HOW YOU GONNA MAKE ME KILL ~~SOME~~ LET YOURSELF
JUST TAKE A CHANCE, COME ON AND DANCE & P. U. ON I GO!
~~GET YOUR ARMS DON'T BE~~ ~~GOTTA, GOTTA PARTY~~ I DON'T EVEN KNOW

THEY GOT A DRAFT, I JUST LAUGH & P.U.
FIGHTING WAR, ~~JUST~~ SUCH A FUCKIN' BORE, P.U.

GOT TO PARTY DOWN, BABY, IT'S ALL ABOUT — WHAT'S IN YOUR MIND
GOING 'UPTOWN, BABY ~~DON'T~~ WANNA DIE, ~~OR~~ JUST WANNA HAVE A
                                              BLOODY GOOD TIME

BECAUSE OF THEIR HALF-BAKED MISTAKES
WE GET ICE CREAM, NO CAKE
ALL LIES, NO TRUTH, IS ~~I~~T FAIR TO KILL
                              THE
                                YOUTH

Acho que estou sempre mudando porque ouço a música mudar. Um dia desses, toquei meus três primeiros discos e notei a diferença. Sei por que não faço mais aquele som. Porque, antes, eu dava importância para certas coisas, coisas de que eu gostava na época e de que não gosto mais. Minha forma de tocar, minhas paixões frequentes naquela época, enquanto eu gravava esses discos. O amor era mais importante para mim — mas, agora, sei que as pessoas nem sempre dizem a verdade, entende? Eu era muito ingênuo naquela época. Acreditava em todos ao meu redor. Quando alguém me elogiava, eu acreditava. Eu me sentia bem quando cantava naquela época.

No som de agora, às vezes, sinto raiva quando canto e noto a diferença. Estou gritando mais do que antes. Esse tipo de coisa. Acho que tudo está em mim. Isso também influencia os arranjos. Não tem nada a ver com mudar de estilo ou algo assim. Além do mais, estou em outro ambiente. Vejo Nova York um pouco mais de perto. No meu subconsciente, percebo a influência da escuridão, do poder da cidade. Ouço sirenes o tempo todo, esse tipo de coisa. Não é assim em Minneapolis. Se você for lá, vai ver como é um lugar descontraído: muito calmo, você mesmo tem que criar o agito. Acho que muitos pervertidos vêm de lá. Meus amigos. Conheço muitas garotas pervertidas, ok? Para mim, pervertido é alguém que vê as coisas de forma diferente de como eu vejo. Eles falam muito. Falam muito sobre nada. Mas só coisa pesada. Não dá para acreditar no nível deles. Imagine uma conversa de uma hora sobre as minhas calças. Por que elas são tão apertadas ou algo assim. Entende? (*Musician*, 1983)

Escrevi isso em 1982. Todo mundo estava assistindo a um especial sobre 1999; havia muitas conversas e especulações sobre o que ia acontecer naquele ano. Eu só achava irônico como todos ao meu redor — que eu imaginava muito otimistas — estavam com tanto pavor dessa data. Eu sempre soube que seria legal. Nunca achei que seria um período difícil para mim. Eu sabia que haveria tempos difíceis para a Terra, porque esse sistema é baseado na entropia e está seguindo claramente por uma direção específica. Eu só queria escrever algo que transmitisse esperança. Agora, em todo lugar do mundo, quando as pessoas ouvem a canção, sempre recebo o mesmo feedback. (*Larry King Live*, 1999)

CE GA up to B

1999

I was ~~trippin'~~ dreamin' when I wrote this so forgive me if it's ~~goes~~
~~astray.~~ When
But I woke up this morning coulda sworn it was ~~judgement~~
judgement day.
The sky ~~was~~ all purple, there were people running
~~runnin'~~ everywhere ~~to~~ and you know I didn't
~~trying to run~~ from destruction ~~oh baby~~ ~~I~~ even
care... cuz
{ They say 2000-party over,- oops, out of time.
So tonight I'm gonna party like it's 1999!

I was ~~trippin'~~ ~~dreamin'~~ when I wrote this so sue me if I go
too fast
But life is just a party and parties ~~were~~ were not meant to
last
War's all around us, my mind says prepare
to fight.
~~So~~ if I gotta die I'm gonna listen to my body tonight.
(CHORUS) Baby, let me tell you something...
~~Cuz~~ if you didn't come to party don't bother knockin'
on my door
I got a lion in my pocket and baby he's ready to roar.
Everybody's got a bomb we could all die any
Before I let   day I'll
~~Cuz~~ that happen... ~~I'm gonna~~ dance my life away.
(CHORUS)

DRums
40

Little Red Corvette

I guess I should known by the way you parked your
car sideways that it wouldn't last.
You see You're the kinda person that believes in making
out once... Love em' and leave 'em fast.
I guess I must be dumb, cuz you had a pocketful of
horses,— Trojan and some of 'em used.
But it was Saturday night, I guess that makes it
alright. and you say what have I got to lose?

and I say Little Red Corvette   Baby you much too fast
Little Red Corvette   You need a love that's gonna last.
Little Red Corvette   Baby you got to slow down
'cause if you don't, you' gonna run your Little Red
Corvette right in the ground.

I guess I shoulda closed my eyes when you drove
me to the place where your horses run free cause
I felt a little ill when I saw all the pictures of the
jockeys that were there before me.
Believe it or not, I started to worry—I wondered
if I had enough class.
But it was Saturday night, I guess that makes it
alright, and u say, Baby, have 'u got enough gas?
    Chorus = Chorus = Chorus

A body like yours ought to be in jail
cause it's on the verge of being obscene!
Move over, baby give me the key I'm gonna
try to tame your little red love machine. TAME IT UP!
    Solo = Chorus =

ad. lib: Girl you got an ass like, you know, I've never seen
and the ride is so smooth you sure this ain't a limousine.
Cush, cush cushion in a velvet sweat,
Suck it all night so you don't forget! Mayday.

O mais importante é ser sincero consigo mesmo, mas também gosto de correr riscos. É isso que falta na música pop de hoje. Falta entusiasmo e mistério — ninguém precisa sair escondido para ver shows proibidos de Elvis Presley e Jimi Hendrix. Não estou dizendo que sou melhor do que ninguém, mas não vejo muita gente falando a verdade nas músicas. (*Los Angeles Times*, 1982)

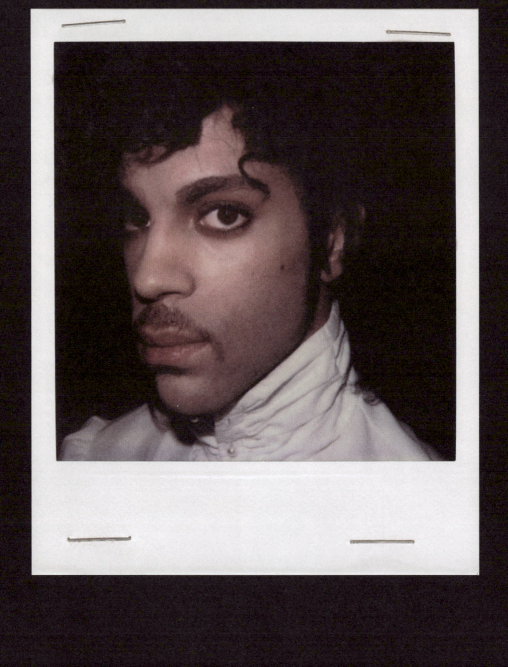

PARTE IV.

BABY I'M A STAR

This is the story of the dreams and aspirations of 3 ~~individuals~~ — Morris Day, a ~~~~ good-looking, cool 22-year old part-time musician, part-time-pimp, part-time dreamer. Morris loves music, money and women. ~~This~~ These 3 vices usually conflict with each other and the end result is something he finds hard to deal with. — Being ~~stuck~~ in the ghetto. // The 2nd individual comes from a well-to-do family. She is very attractive and she knows it. Thus she named herself Vanity. Her real name is ~~~~ Louise but she changed it because of her lifelong hang-up — she wants to be "accepted" (one of the gang). She thinks she doesn't fit in. In reality she doesn't. She's too rich, too pretty, and too much a prude. She needs friends, but she works too hard at it. She's ~~to~~ viewed as a phony "rich bitch" by most of the kids in every new neighborhood she's ever moved into. She's only 17 and still hangs on to high school "games." Mind games. But ~~~~ underneath she's a very loving human being. It's just that no one's had the patience to tame her.

The 3rd individual is Prince — the main character. Named by his musician father Prince grew up alone. ~~Raised by~~ ~~his~~ When he was young, 6 or 7 years old, he watched as his mother shot his father dead then turned the gun on herself. Crazed by jealousy she made Prince's father's life miserable by her incessant drinking, cursing and craving for sex. All she wanted was a good time.

Prince's father on the other hand was a wise but stubborn ~~God~~ fearing man who only wanted a clean quiet Christian home to ~~come~~ to. After spending the night in some sleazy nightclub he worked part time to keep food on the table. But what he usually got was a drunk wife who forgot to fix dinner, a crying baby boy and complaining neighbors fed up with the volume his wife ~~was~~ keeps playing the stereo.

Prince's father had one bad habit. When he'd come home to a situation like this he would go beserk and beat his wife.

Going beserk meant while quoting scriptures born the Good book he would

proceed to bloody his wife's face.
He would always beg forgiveness later and forgive she would. Except the last time.
So much time is spent explaining Prince's parents because it explains why 3 doctors diagnosed Prince as a "mentally disturbed" young man with a "split personality."
Prince is 19 years old and has spent one half of his life playing music and the other half trying to figure out who he really is. Is he his mother — drinking and swearing and coming on to another human like it's the only chance he'll get. Or is he his father conducting life as though God were watching every breath. Chauvinistic, stubborn and quick to explode. This poses a problem for Prince's friends who are also his fellow band members. One minute he's a sweet quiet little introvert. The next he's either screaming the book of Revelation to someone or he's drunk in the corner of some bar — masturbating.
This uncertainty in Prince's character has made for some interesting concerts for him and his band the Revolution.

Sometimes jolted by flashbacks in which he sees visions of his past through his mother, his father, or his own eyes, Prince "trips out" so to speak right in the middle of songs sometimes throwing his band for a loop.

They're not sure if he's really a psycho or if it's all an act. As is the audience.

But Prince wants to make it. Bad. He wants fame and fortune and everything that goes with it. Sure. But most of all he wants to help people through his music. Whether it's a cure for lonliness, a beat to make them dance or a message so that they can better understand themselves. He most of all wants to feel he's done something worthwhile in his life. Scoring points with God I guess.

That's his father's thing.

This movie deals with a period in which all 3 of these characters must face the realities of life — "If there's something out there that u want — Go for it! Nothing comes to sleepers but dreams."

The city Morris, Vanity and Prince live in is appropriately divided into three sections. Morris lives downtown. The ghetto. Predominately Black and Poverty-stricken. People who live here don't have much so they go out of their way to look as though they do. People downtown take pride in their appearance especially when they're out for a night on the town.

Zoot suits, wide-brimmed hats and Stacey Adams shoes are common. Morris and his band the Time are known for their "cool" attire. Morris has several women who "work" for him. No one knows for sure what kind of "work" the women do, but they have a pretty good idea.

Vanity lives in the suburbs. The rich part of town. "Green Acres" as termed by the people "downtown." Beautiful farmland and lakes accent the area. Most of the parents who live here are very snobbish and strict. The downtown area night clubs are off limits to most teenagers. By their parents orders of course.

Most of the kids downtown dislike the preppy-looking rich kids from "Green Acres" and occasional fights break out. So parents figure their kids should hang out in their own clique. Vanity's parents especially.

Prince lives "Uptown". Middle class and very liberal. People from all walks of life live in Uptown. White, Black, Puerto Rican, Gay, Straight. Young and old. Life here is very laid-back. Many artists of various types come here to work because of the peaceful atmosphere. Prince being born of Italian and Black decent was born in the Downtown area and was moved Uptown by relatives when his parents passed away. Prince and the Revolution are the hottest band uptown mainly because of their avant-garde approach to pop. They have developed a sort of beatnik following in their short time together. They play all original music and have a reputation for their bizarre way of dressing.

When Prince was young he watched his ~~parents~~ mother shoot his father dead and then turn the gun on herself. Thus he has flashbacks throughout the flick which cause him to act either like his mother or his father. (One interesting aspect of the film is that during the dream sequences in which Prince envisions his parents, they are portrayed by Prince himself.) ~~Prince's~~ His band members are ~~an~~ interesting lot. There are 5 of them including one girl Lisa who is very ~~xtra~~ alluring and Matt Fink who dropped out of pre-med school to play rock 'n' roll but forgot to drop off the surgeon's outfit. He is very funny. ~~Morris and Jesse are cool~~ There is a confrontation between Prince and the Time when the Time travel Uptown to one of Prince's gigs to check out their "competition." This is the 1st time Prince and Morris lay eyes on Vanity, who is there out of curiosity and is genuinely impressed by Prince.

She of course wants to play both sides of the fence which she tries to do throughout most of the film. Vanity really digs Prince but she is amused by Morris who constantly has an entourage to help him with every day tasks like combing his hair and removing his overcoat.

The film then focuses on Prince's psychological difficulties and how his band members cope with them. A few more gigs are shown with Prince "tripping out" turning into either his mother or his father. All the while deeply interested in seeing Vanity again.

She turns up strangely enough at one the Time's gigs invited there by Morris. She is intoxicated. Vanity is much like Prince's mother in his eyes anyway. (When Prince portrays his mother he wears hoop earrings that were his mother's favorite. Vanity wears some that are similar. This alone causes him to flashback.) Prince and Morris don't exactly hit it off. For reasons that are understandable.

They make various comments to one another about each others lifestyle which is a basic theme to the film. They try to make friends with Vanity & help to no avail.

Several comic subplots involving the Time (Morris' troubles with his girls, a house party that gets an uninvited guest — a bat.), Prince and Morris trying to kidnap Vanity at the same time when she gets grounded for going downtown to watch The Time. Prince climbs in Vanity's window, Morris climbs in Vanity's mom's window. Her husband away on a business trip. Prince gets the prize this time and there is a torrid fight-love scene between him & Vanity when Prince during one of his flashbacks believes Vanity is his mother and he is his father.

The movie climaxes with a battle of the bands between Prince and the Time with the Time being victorious because of Prince's erratic stage presence. Switching between his mother and his father he throws the band completely off by quoting the bible in between, cursing the audience for being sinners all the while crying and singing the torments of being a schizophrenic. Vanity rushes to his side. He loses the battle but gets the girl. Deserted by his band, fed up with his unpredictable persona, Prince leaves the club totally bewildered. Vanity stays the night with him. The two lie on the bed and drift off to sleep. Camera pans away. Camera comes back to them lying in a different position to give impression of hours passing. Prince rises from the bed, goes to dresser and pulls out the same pistol his mother used to shoot his father and then kill herself. He raises it to his head. There is shot. Camera cuts to Prince rising from the bed screaming - realizing it was all a dream. Credits roll.

Songs include

Baby I'm A STAR
I WOULD DIE FOR U
MOONBEAM LEVELS
I CAN'T STOP THIS FEELING I GOT
TOO TOUGH
WOULDN'T U LOVE TO LOVE ME
I JUST WANNA BE RICH
BOLD GENERATION
          among others.

ESTA É A HISTÓRIA

dos sonhos e aspirações de três pessoas. A primeira é Morris Day: um cara bonito e legal que se divide entre as ocupações de músico, cafetão e sonhador. Morris adora música, dinheiro e mulheres. Esses três vícios geralmente são incompatíveis, e o resultado disso é difícil para ele: ficar preso no gueto.

A segunda vem de uma família bem de vida. Ela é muito atraente e sabe disso. Até escolheu um nome adequado: Vanity [Vaidade]. Ela se chama Louise, mas mudou porque tem um grande grilo: querer ser "aceita" (entrar na turma). Ela acha que não se encaixa. Na verdade, não se encaixa mesmo. É rica, bonita e puritana demais. Precisa de amigos, mas se esforça demais para isso. Entre a garotada dos bairros onde morou, ela geralmente era vista como uma "dondoquinha" falsa. Ela tem apenas 17 anos e ainda gosta dos "jogos" das colegiais. Jogos mentais. Mas, no fundo, é um ser humano muito doce. Na verdade, ninguém teve a paciência de domá-la até agora, só isso.

O terceiro indivíduo é Prince — o personagem principal. Batizado pelo pai músico, Prince cresceu sozinho. Na infância, aos seis ou sete anos, viu a mãe atirar no pai e, depois, apontar a arma para si mesma. Enlouquecida pelo ciúme, ela fazia da vida do pai de Prince um inferno com suas bebedeiras incessantes, linguagem vulgar e intenso desejo sexual. Ela só queria saber de se divertir.

O pai de Prince, por outro lado, era um homem sábio, mas teimoso e temente a Deus, que só queria um lar cristão, limpo e calmo, depois de passar as noites na boate sórdida em que fazia uns bicos de garçom. Mas o que ele costumava encontrar era uma esposa bêbada que se esquecia de preparar o jantar, um menino chorando e vizinhos reclamando do volume do aparelho de som.

Mas o pai de Prince tinha um hábito péssimo. Quando chegava em casa nessas situações, ficava furioso e batia na esposa. Tomado pela fúria, ele citava as Escrituras enquanto tirava sangue do rosto dela.

Depois, ele sempre pedia perdão, e ela o perdoava. Menos na última vez.

Essa história sobre os pais de Prince explica por que ele foi diagnosticado por três médicos como portador de "transtornos mentais" e "múltiplas personalidades". Prince passou metade dos seus 19 anos tocando e a outra metade tentando descobrir quem é. Será que ele é a mãe dele, sempre bebendo, falando palavrões e dando em cima das pessoas como se não houvesse amanhã? Ou é o pai, conduzindo a vida como se Deus estivesse atento a cada movimento — chauvinista, teimoso e de pavio curto? Isso é um problema para os amigos de Prince, que também tocam na banda dele. Em um minuto, ele é introvertido, doce e quieto. No outro, está aos berros, declamando o livro do Apocalipse para alguém, ou se isola, bêbado, no canto de um bar — para se masturbar.

Essa incerteza psicológica de Prince deixa os shows da banda, a Revolution, mais interessantes. Às vezes, tomado por flashbacks e visões do passado pelo ângulo da sua mãe, do seu pai ou dele mesmo, Prince "viaja" no meio das músicas, fazendo a banda cair para trás. Ninguém sabe ao certo se ele é um psicopata ou se é tudo jogo de cena. Nem o público.

Mas Prince quer chegar ao topo. Muito. Ele quer ter fama, dinheiro e todo o resto. Certo. Mas, acima de tudo, quer ajudar as pessoas com a música. Além de uma cura para a solidão, uma batida dançante e uma mensagem de autoconhecimento, ele quer a sensação de ter feito algo importante na vida. Quer valorizar o passe dele no céu, talvez.

Esse é o pai dele falando.

O filme trata de um período em que os três personagens precisam encarar a realidade da vida. "Se você quer alguma coisa, vá em frente! Quem dorme no ponto só fica com os sonhos."

A cidade em que Morris, Vanity e Prince vivem se divide em três áreas. Morris mora no centro. No gueto. Uma zona habitada majoritariamente por negros e pobres. Aqueles que moram aqui não têm muita grana, então se esforçam bastante para parecer que têm. As pessoas do centro valorizam muito a aparência, especialmente quando passam a noite fora. Ternos zoot, chapéus de aba larga e sapatos Stacy Adams são itens comuns no vestuário. Morris e sua banda, The Time, são conhecidos pelas roupas "descoladas". Várias mulheres "trabalham" para Morris. Ninguém sabe ao certo que tipo de "trabalho" elas fazem, mas todos entendem muito bem a situação.

Vanity mora no subúrbio. Na parte rica da cidade. O pessoal do "centro" chama essa área de "Green Acres". Lá, há lagos e gramados. A maioria dos pais é esnobe e rígida. Em regra, os adolescentes são proibidos de frequentar as boates do centro. Por ordem dos pais, claro. A galera do centro não gosta dos playboyzinhos de Green Acres, e brigas estouram de vez em quando. Então, os pais orientam os filhos a saírem só com gente do mesmo nível. Isso vale, especialmente, para os pais de Vanity.

Prince vive em "Uptown" [Zona Norte]. Uma área de classe média e muito liberal. Pessoas de todos os tipos vivem em Uptown. Brancos, negros, porto-riquenhos. Gays. Héteros. Jovens e velhos. A vida é muito tranquila. Muitos artistas se mudam para lá por causa da atmosfera pacífica. Prince, de origem italiana e negra, nasceu no centro da cidade e foi morar em Uptown com parentes quando seus pais morreram. Prince and the Revolution é a banda mais badalada da zona norte devido ao seu pop de vanguarda. Na sua curta trajetória, o grupo já atraiu um pequeno culto de seguidores. Os músicos só tocam material próprio e são conhecidos por se vestirem de maneira bizarra.

Na infância, Prince viu sua mãe atirar no pai e, depois, apontar a arma para si mesma. Ele tem flashbacks ao longo do filme e, movido por essas visões, age como sua mãe ou seu pai. (Um aspecto interessante é que, durante as sequências de sonhos, ele visualiza seus pais, mas interpretados pelo próprio Prince.) Os membros da banda são muito interessantes. Há cinco músicos, incluindo Lisa, uma menina muito atraente, e Matt Fink, que abandonou o curso de medicina, mas não aposentou a roupa de cirurgião. Ele é muito engraçado.

Há um confronto entre Prince e The Time quando a banda vai até Uptown para conferir um show dos "concorrentes". Esta é a primeira vez em que Prince e Morris veem Vanity, que está lá por curiosidade e fica impressionada de verdade com Prince.

Ela, claro, quer jogar nos dois times e tenta fazer isso durante a maior parte do filme. Vanity gosta muito de Prince, mas se diverte com Morris, que tem sempre uma equipe de assessores para ajudá-lo em tarefas diárias, como pentear os cabelos e tirar o sobretudo.

Em seguida, o filme aborda principalmente as dificuldades psicológicas de Prince e a forma como os membros da banda lidam com isso. Aparecem alguns shows em que Prince "viaja" e se transforma na mãe ou no pai. Nesse meio-tempo, ele continua profundamente interessado em rever Vanity.

Estranhamente, ela aparece em um dos shows da Time, convidada por Morris. Ela fica inebriada. Vanity se parece muito com a mãe de Prince, ou ele acha que parece. (Quando interpreta a mãe, Prince usa os brincos de argola favoritos dela. Vanity usa brincos parecidos. Isso provoca um flashback.) Prince e Morris não se dão muito bem. Por razões compreensíveis.

Eles trocam críticas sobre os estilos de vida um do outro, um tema central do filme, e tentam fazer amizade com a ajuda de Vanity, sem sucesso.

Rolam várias subtramas cômicas em torno da The Time (os problemas de Morris com as meninas dele; um penetra aparece em uma festa na casa de alguém: um morcego); Prince e Morris tentam sequestrar Vanity ao mesmo tempo quando ela fica de castigo por ter ido ao centro assistir ao show da The Time. Prince escala a casa até a janela de Vanity, Morris faz a mesma coisa, mas chega à janela da mãe dela. O marido está viajando a negócios. Prince se dá bem dessa vez, e há uma cena de amor/luta entre ele e Vanity; aqui, Prince tem um flashback e acha que é o pai e que Vanity é sua mãe.

O clímax do filme ocorre na batalha das bandas entre Prince e The Time, que sai vitoriosa devido à performance bizarra de Prince no palco. Alternando entre a mãe e o pai, ele deixa a banda totalmente confusa, citando a Bíblia e xingando os pecadores do público, chorando e cantando sobre a aflição de ser esquizofrênico.

Vanity corre até ele, que perde a batalha, mas fica com a garota. Abandonado pela banda, que estava cansada de sua personalidade imprevisível, Prince vai embora, em estado de total confusão. Vanity passa a noite com ele. Os dois deitam na cama e dormem. (A câmera se afasta. Quando a câmera volta, eles estão deitados em uma posição diferente, dando a impressão de que se passaram algumas horas.) Prince levanta da cama, vai até a cômoda e pega a pistola com que sua mãe atirou no seu pai e, depois, se matou.

Ele coloca a arma na cabeça. Um tiro é disparado. A câmera corta para Prince levantando da cama, gritando. Ele percebe que tudo foi um sonho. Sobem os créditos.

> Dearly Beloved we are gathered here
> today to get through this thing called
> life.
> Electric word — Life. It means forever!
> and that's an awfully long time.
> But I'm here to tell u that there's
> something else. The After World.
> That's right.
> A world of never-ending happiness.
> You can always see the sun — day
> or night.
> So when u call up that shrink in
> Beverly Hills, you know the one,
> Dr. Everything'll Be Alright, instead
> of asking him how much of your mind
> is left, ask him how much of your time.
> 'Cause in this life things are much harder
> than in the After World. In this life
> you're on your own.
> So u better try to be happy 'cause
> one day the sun may set for good.
> If De elevator tries ta bring u
> down play crazy and punch a higher floor.

A versão original de "Let's Go Crazy" era muito diferente da versão lançada. No processo de composição, a canção falava de Deus e da reversão da elevação do pecado. Mas aí vem o problema do tabu da religião na música pop. As pessoas acham que devem lançar discos descolados, mas eu só preciso falar a verdade. (*Musician*, 1997)

Let's Go Crazy

If u don't like the world You're livin' in
Take a look around u at least u got friends
I called my old lady for a friendly word.
She picked up the phone and dropped it on the
  floor. Ah-sh, Ah-sh was all I heard.
But I'm gonna let de elevator bring me down.
NO NO LET'S GO

Chorus! Let's Go Crazy Let's Go nuts
Look 4 purple Banana til they put (you) me
  in the truck, let's Go nuts.

We're all excited but we don't know why
  Maybe it's because we're all gonna die
And when we do. What's it all for?
We better live now before the Grim Reaper
  comes knockin' on our door. Get Up
Are we gonna let de elevator bring us down.
NO NO LET'S GO! CHORUS

We won't let de elevator bring us
"   "   "   "   "   "   "   "   " down, down, down.

Let's Go!

Dr. Everything'll be alright will make
  everything go wrong.
Pills and thrills and daffodils will kill.
Hang tough it won't be long He's comin'.

Tive que mudar a letra, mas o agente da elevação era o Diabo. Precisei trocar as palavras porque ninguém podia dizer Deus no rádio. E, para mim, "Let's Go Crazy" fala de Deus. A lição era: seja feliz, mantenha o foco e detone a elevação.
(*VH1 to One*, 1997)

Computer Blue

Where or where is my lovelife where or where can it be?

~~[scratched out]~~

Is there something wrong with the machinery?

All fall down with icky cellophane love affairs.
Computer die.

Why does my girl sleep with other boys. Can u tell computer why? Well I guess...

Until I find that righteous one
Forever Computer Blue.

Where or where is my patience. Where or where has it gone.
If you really love me why'd you go away computer never wrong.

You say you want relationship based on give and take.
Tell u what: I'll give you a baby if u take a bath.

Until I find that righteous one.
Forever Computer Blue.

MIDDLE BRIDGE

over →

Where or where is my lovelife where or where
        can it be.
there's something wrong with ~~anybody's~~ the machinery
         must be
all fall down with elementary one night stands
Why can't you just be my woman and let me be
            your man?
   Until I find that righteous one
      Forever computer blue.

2. I got a girl named Nikki
   I Thank God that she's fine
   Twice she cooked me dinner
   Taste like shit both times
   Thank God Nikki's fine
   The girl can't cook but lawd she sure can grind.

1. I knew a girl named Nikki
      Guess you could say she's a sex fiend
   Met her in a hotel lobby
      Masturbating with a magazine.
   She said, how'd you like to waste some time
   and I couldn't resist when I saw little Nikki
         grind.

2. She took me to her castle
      Couldn't believe my eyes
   She had so many devices
      Everything money could buy
   She said, sign your name on the dotted line. The
      lights went out and Nikki started to grind.

4. I woke up next morning
      Nikki wasn't there!
   I looked all over all I found was phone no. on the stairs.
She said Thank u for a funky time. Call me up whenever you want to grind.
   3. The castle started spinning.
      Or maybe it was brain.
      I can't tell you what she did to me.
      but my body will never be the same.
      Her lover I'll kick your behind.
         She won't show u no mercy but she'll
      sho'nuff show u, — sho'nuff how to grind.

Believe me, baby I know the
times are changing.
It's time we all reach out
4 something new.

You say you want a leader but
if you can't make up your
mind. Then...
Close it ~~your eyes~~ and ~~look~~
~~and~~ your darling Prince ~~will~~
guide ~~you~~ u.

I don't want money I don't
want love.
If I wanted either one, I would
buy it.
I want the heavy stuff. What
your dreams are made of.
I want control. I've got the
keys now gimme the driver's
seat. Try it.

> 1º I never meant to fill
> your life with sorrow
> I never meant to cause u
> any pain
> I only wanted to one time see u
> laughing
> "I only wanted to see u bathing
> in the Purple Rain,
> Purple Rain
> I only wanted to see u underneath
> the purple rain
> Repeat Chorus
> 1º I never wanted to be your week-end
> lover   some kind of
> I only wanted to be your people
> friend.
> Baby I could never steal u from another
> It's such a shame our friendship had to
> end...

Antes de *Purple Rain*, a galera que vinha à First Avenue já conhecia a banda; era como um desfile de moda, imenso e divertido. O pessoal se vestia como queria e transmitia um visual legal. Depois de se encontrar, você não olhava mais para as outras pessoas. Passava a ser quem realmente era e se sentia confortável com isso. (*Rolling Stone*, 1985)

I promise I won't hurt u.
Trust Me,
Trust Me,
~~Trust Me~~
I'm not a politician, truth
a purple musician.
And I only want to set u
free.
Trust Me
I only want to see u bathe
in the Purple Rain

Acho que *Purple Rain* foi a minha obra mais elaborada e de vanguarda. Basta pegar "When Doves Cry" e "Let's Go Crazy". A maioria dos artistas negros não toca esse tipo de balanço. Se tocasse, haveria mais diversidade nas rádios. Nos anos 1960, quando todo mundo tentava ser diferente, havia War e Santana, Hendrix, Sly e James, todos artistas únicos. Agora, todos só querem pegar carona nos sons do momento. Às vezes, eu só queria ligar o rádio e ouvir muita diversidade. É divertido escutar uma canção como "Raspberry Beret" nas estações de R&B. Não estou dizendo que sou um gênio nem nada do tipo; só estou falando que sou uma alternativa. Sou diferente. E desejo ouvir sons diferentes de todo mundo. (*Ebony*, 1986)

RASBERRY BERET

I WAS WORKING PART TIME IN A
 FIVE & DIME, MY BOSS WAS MR. M^{c}GEE
HE TOLD ME SEVERAL TIMES THAT HE DIDN'T
LIKE MY KIND, CAUSE I WAS A BIT TOO LEISURELY
EVERY OTHER DAY WAS THE SAME AS YESTERDAY
BUT A LITTLE BIT DIFFERENT THAN THE DAY BEFORE.
I WAS BUSY WASTING TIME WHEN THE STORE
BELL CHIMED. SHE CAME IN THROUGH THE OUT
~~SIDE~~ DOOR.

Chorus: SHE WORE A RASBERRY BERET
 THE KIND YOU'D BUY IN A SECOND HAND STORE
 RASBERRY ~~B~~ IF IT WAS WARM ~~SHE~~ SHE WOULDN'T
 WEAR MUCH MORE / RASBERRY BERET, I THINK I LOVE YOU.
WE DIDN'T STOP TALKING 'TIL WE CLOSED OUR EYES.
 EXHAUSTED FROM THE LOVE WE MADE
ONLY CLEOPATRA COULD'VE EQUALED HER GRACE
 RUBY LIPS AND EYES OF JADE.
SHE TOLD ME OF HER TRAVELS, THE PLACES SHE'D GONE
AND ALL THE MEN SHE ~~HAD~~ LOVED IN HER DAY.
SHE BEGGED ME TO TAKE HER AGAIN AND AGAIN
TO A PLACE ONLY A WOMAN CAN SAY. (CHORUS)
I WAS AWAKENED THAT MORNING BY THE SOUND
OF THE DOOR... MY GREEN EYES TURNED TO BLUE THERE WAS
A NOTE ON THE FLOOR. IT SAID, "THIS IS FOR YOU"
HER RASBERRY BERET IS ALL THAT I HAVE
OF MY LOVER TODAY. SHE WORE A...
 (CHORUS)

Gostaria de fazer uma pausa para expressar meu amor e carinho por Lisa e Wendy. Conheci primeiro Lisa, que tocou na banda por um tempo; depois, ela me apresentou a Wendy. Quando nos conhecemos, acho que Lisa não me olhou nos olhos — só ela sabe por quê. Então, liguei para o pessoal da administração e disse: "Acho que não vai dar certo. Reservem uma passagem de avião; ela vai voltar para casa." Mas hesitei: "Esperem um pouco." Um som de piano vinha do porão. Ela estava tocando algo em formato aberto — inventando acordes malucos que eu nunca tinha ouvido até conhecer Miles Davis, que tocou acordes parecidos quando foi à minha casa. Ela me disse que o pianista favorito dela era Bill Evans. Certo? Estou tentando imitá-la agora.

Eu escrevia as músicas e deixava a galera à vontade no estúdio para brincar e inventar. Foi Lisa quem compôs o arranjo de cravo: [toca a introdução de "Raspberry Beret"]. A música inteira está aí, não é? (Primeiro show da turnê Piano & A Microphone, janeiro de 2016)

Muita gente pensa que sou uma pessoa de sexualidade bem intensa. Duas horas da tarde, ouvi um chamado muito estranho pelo viva-voz da portaria. Era uma garota pressionando a campainha sem parar. Ela continuou pressionando e começou a chorar. Eu não fazia ideia do motivo. Pensei que talvez ela tivesse caído. Comecei a conversar com ela, que dizia toda hora: "Não acredito que é você." Eu disse: "Não esquenta. Não sou especial. Não sou diferente de ninguém." Ela disse: "Você vai sair?" Eu disse: "Não, estou muito ocupado." E ela disse: "Tudo bem."

    Sempre dou orientações para as pessoas que ficam lá fora. Digo: "Pense nisso que você está dizendo. Como você reagiria no meu lugar?" Faço muito essa pergunta. "Como você reagiria no meu lugar?" Elas dizem: "Ok, ok." (*Rolling Stone*, 1985)

Your Kiss

U don't have 2 be beautiful, 2 turn me on
I just need your body baby from dusk til dawn
U don't need experience 2 turn me out
U just leave it all up 2 me I'll show u what it's all about

U don't have 2 be rich 2 be my girl
U don't have 2 be cool 2 rule my world
Ain't no particular sign I'm more compatible with
I just want your extra time and your **KISS**

U got 2 not talk dirty if u want 2 impress me
U can't be 2 flirty, I know how 2 undress me
I wanna be your fantasy Maybe u could be mine
U just leave it all up 2 me We could have a good time!

CHORUS
Women not girls rule my world rule my world
Act your age not your shoe size maybe we can do the twirl. Hit me.
U don't have 2 watch Dynasty 2 have an attitude
U just leave it all up 2 me, My love will be your food.

CHORUS

Não moro em uma prisão. Não tenho medo de nada. Não construí nenhuma muralha ao meu redor; sou como todo mundo. Preciso de amor e de água; não tenho medo de críticas, porque, como sempre digo, meus hábitos serão aprovados pelas pessoas que já apoiei. Definitivamente, não me considero uma estrela mundial. Moro em uma cidade pequena e sempre vou morar lá. Posso andar por lá e ser eu mesmo. Isso é tudo o que quero ser, é tudo o que sempre tentei ser.
(MTV, 1985)

The Secretary of State
of the United States of America
hereby requests all whom it may concern to permit the citizen/
national of the United States named herein to pass
without delay or hindrance and in case of need to
give all lawful aid and protection.

Le Secrétaire d'Etat
des Etats-Unis d'Amérique
prie par les présentes toutes autorités compétentes de laisser passer
le citoyen ou ressortissant des Etats-Unis titulaire du présent passeport,
sans délai ni difficulté et, en cas de besoin, de lui accorder
toute aide et protection légitimes.

CANCELLED APR 25 1996

Prince Rogers Nelson
SIGNATURE OF BEARER/SIGNATURE DU TITULAIRE

UNITED STATES OF AMERICA

PASSPORT / PASSEPORT	Type/Catégorie: **P**	Code of issuing State / code du pays émetteur: **USA**

PASSPORT NO./NO. DU PASSEPORT: **070610058**

Surname / Nom: **NELSON**
Given names / Prénoms: **PRINCE ROGERS**
Nationality / Nationalité: **UNITED STATES OF AMERICA**
Date of birth / Date de naissance: **07 JUN/JUN 58**
Sex / Sexe: **M**
Place of birth / Lieu de naissance: **MINNESOTA, U.S.A.**
Date of issue / Date de délivrance: **05 JUN/JUN 86**
Date of expiration / Date d'expiration: **04 JUN/JUN 96**
Authority / Autorité: **PASSPORT AGENCY SEATTLE**
Amendments/Modifications SEE PAGE **48**

P<USANELSON<<PRINCE<ROGERS<<<<<<<<<<<<<<<<<<<
0706100580USA5806078M9606047<<<<<<<<<<<<<<<<2

Um dia, talvez eu escreva um livro sobre as dificuldades que os artistas encaram. É incrível que o autor das músicas não possua os direitos sobre elas e que alguém possa fazer o que quiser com o material. Ainda assim, minha alma é de aço maciço e não amassa fácil. Estive no topo da montanha e vi tudo que existe lá. Já fui o número um e vendi milhões de discos. Agora, meu principal interesse é voltar a sentir prazer em ser músico. (*Top of the Pops*, 1997)

PRINCE VIDEO
BOARD ONE FRAMES 1 - 20

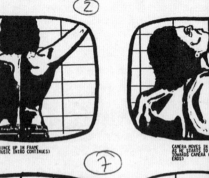

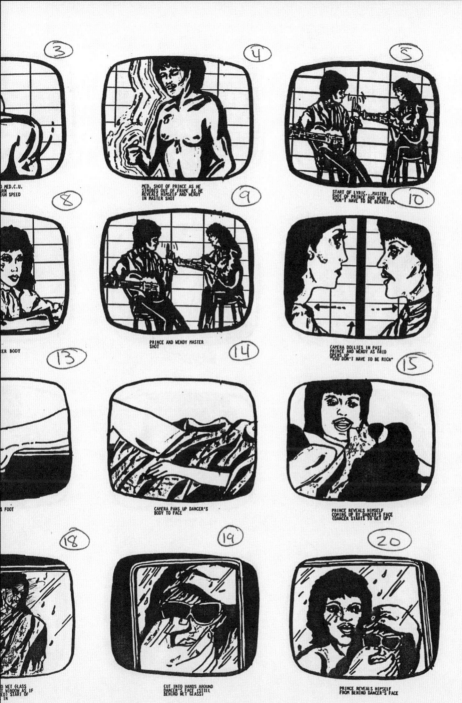

PRINCE WITH HANDS STILL
AROUND DANCER, KISSES HER

DANCER LEAVES FRAME

PRINCE GIVES L

PRINCE IN POSTER "YOU GOT
TO NOT TALK DIRTY BABY"

CUT TO C.U. OF DANCER
BEHIND GLASS FOR CHORUS
LINE "ARE AM I"

CUT BACK TO
WENDY IN MAS
BE TOO FLIRT

CUT TO C.U. OF DANCER FOR
LINE "YEAH"

C.U. OF PRINCE REACTION TO
DANCER

MATCH CUT TO
PRINCE'S HE
REVEAL HIS
"I WANNA BE

MONTAGE BY DANCER

MONTAGE BY DANCER

MONTAGE (PR
BACK AWAY

243

PRINCE VIDEO
BOARD THREE FRAMES 41 - 62

CUT BACK TO PRINCE AND
WENDY IN POSTER POSE
"YOU DON'T HAVE TO BE RICH"

CUT BACK TO LONG SHOT
FANTASY BODY TRY-AT-ME
(LYING DOWN ON FLEET SLAB)

DANCER MED. SHOT
(STARTING TO GET U...)

CUT TO (DANCE SEQUENCE)
DANCER IS CLOSER TO US -
(180°) AROUND PRINCE

DANCING AROUND PRINCE

DANCING AROUND P...

C.U. OF PRINCE'S FACE
(SHORT LINES)

DANCER USES HER CHIFFON
AS WIPE (FULL FRAME)

CUT BACK TO MA...
MED. C.U. WITH...
WENDY PLAYING G...
WHILE MIKE MY V...

PRINCE LOOKING AT MIRROR,
STARTS TO SHAKE PIERROT
"JUJU PLASTIC VIDEO SHOW"
CAMERA STARTS TO WIDEN AND
DOLLY DOWN HIS BODY TOWARDS
HIS FEET

CAMERA JUST PAST PRINCE'S
BIG TOES, DANCER COMES UP
FROM BEHIND GLASS SLAB

CUT TO PER...
HOLDING HIS...

DANCER GRABS PRINCE BY FACE
(AS IN OPENING OF VIDEO)

DANCER SPINS AND PULLS HIM
TOWARDS HER AND KISSES
WHILE GIRLS TWEAK
BEFORE SHE KISSES HIM)

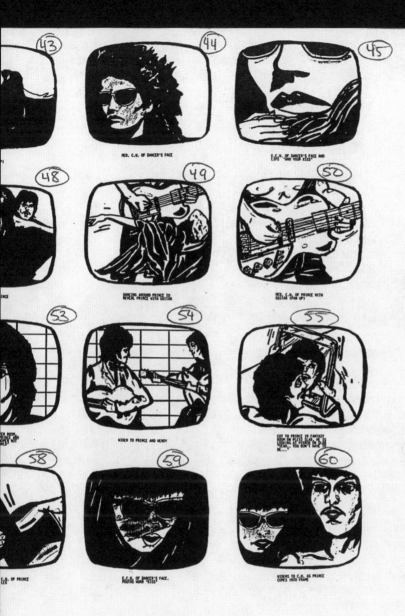

Estou tocando piano lá em cima, e Rande [minha cozinheira] entra na sala. Os passos dela estão em um tempo diferente; é muito estranho ouvir algo em um ritmo totalmente diferente do que você está tocando. Muitas vezes, isso dá a impressão de soberba ou insensibilidade. Mas não é. Meu pai é igual; por isso, ele achava difícil morar com alguém. Só entendi isso recentemente. Quando estava trabalhando ou pensando, ele tinha um pulso batendo constantemente dentro de si. Não sei, cada corrente sanguínea flui de maneira diferente. (*Rolling Stone,* 1985)

Meu pai vem sempre com o mesmo sermão: "Faça tudo para ser diferente. Não há nenhum problema em ser diferente." Temos as mesmas mãos. Temos os mesmos sonhos. Às vezes, escrevemos as mesmas letras. Acidentalmente. Escrevo algo e depois vejo que ele já escreveu a mesma coisa. Nossas letras são parecidas, iguais até. Mas, na música, somos muito diferentes. Nossas personalidades são muito parecidas, mas a música dele não se parece com nada que eu já tenha ouvido. É mais complexa. Muitas melodias belas ficam ocultas nessa complexidade. Eu me encarrego de extrair todas elas. Por isso trabalhamos tão bem juntos. (*Ebony,* 1986)

Quando você sonha com alguma coisa e volta a dormir, acaba se esquecendo dela. Mas, se acordar e ficar com ela na cabeça, você vai lembrar e talvez crie algo a partir dela. Fiz isso ontem à noite. Sonhei que meu pai escrevia uma música, uma canção muito legal. Lembro que despertei gostando muito do som, mas não consegui ficar acordado. (*The Minneapolis Star,* 1979)

Baby Baby, Baby   what's it gonna be
  "   "   "   Is it him or is it me?
Don't ~~waste~~ me waste my time
Don't make me lose my mind, baby

Baby, Baby Baby. Can't u stay with me Lo
  "   "   "   ~~Don't~~ my kisses please alright th
And u were so hard to find. The ~~pretty~~ ~~hurt u always~~
Paint a perfect picture. bring to life a vision
The ~~beautiful~~ ~~we~~ always smash that picture. Always every

        C Min Bridge
§§
If I told u baby that I'm in love with u
  " " " "   " that I want ~~to~~ we got married, would
You make me so confused. The beautiful ones, y

Baby, Baby Baby what's it gonna be   C# maj
Baby, Baby, Baby Do you want him? or do u want
cuz I want u   said I want u
Baby, Baby, Baby   The beautiful ones somet
                    But lemme tell ya, som
                    Sometime, Sometime I get
                    But Right now, Right now,
                    I may not know where I'm goin
                    I may not know what I nee
                    But One thing for certain, baby I k
                    And to please u baby to please u baby
                        cuz

9

ight
ey hurt u every time
~~~~
n one's mind
time. —

u think it was cool.
u always seem to lose.

me

tives u lose
time, sometime u win
o confused.
want you.
baby
ow what I want
beg u down on my knees
nt u. I Want y. baby

Quando estou no palco, saio do meu corpo. É para isso que servem todos os ensaios, os exercícios. Você quer chegar a um local que está totalmente fora do seu corpo. É lá que acontece algo. Você atinge um nível elevado de criatividade e inspiração. Uma dimensão onde todas as músicas que já foram criadas e todas as que ainda serão criadas no futuro estão bem na sua frente. E você só fica lá pelo tempo necessário. (*Essence*, 2014)

NOTAS E GUIA DE FOTOS

Todas as imagens pertencem a © The Prince Estate, exceto quando indicada outra fonte.

P. II (FOLHA DE ROSTO)
Segundo o empresário Owen Husney, foi Prince quem bolou o conceito da fotografia mais famosa de *For You*, que aparece na capa interna do disco. Ele está sentado nu em uma cama, segurando um violão, com duas colagens de imagens dele de cado lado. Joe Giannetti, de Minneapolis, fotografou Prince em uma vitrine de uma loja Macy's, em São Francisco. Antes da sessão, Giannetti registrou essa versão preliminar na cama de Husney em Minneapolis. (Fotos de © 1986 Joseph Giannetti)

Introdução

P. 6 "O espaço entre as notas — essa é a parte boa"
Essa não era a primeira vez que Prince refletia sobre a dinâmica do funk. Em um caderno do final dos anos 1970, ele dedicou uma versalhada ao assunto: "Words to fun by: 'To tap or not to tap/That is the question/Whether 'tis funkier on the three/than the one is to suffer the/slings and arrows of unsyncopated misfortune.' Willyum Shakespere" ["Palavras para alegrar: 'Suingar ou não suingar/Eis a questão/Se o funk é maior no três/quem for no um sofrerá/as agruras e vicissitudes da falta de suingue.' Willyum Shakespere"].

P. 7 algo que descrevia como "transcendência"
Prince atingia a "zona" depois de passar várias horas tocando piano; parecia uma "projeção da consciência", como se ele assistisse a si mesmo da plateia. Veja Alexis Petridis, "Prince: 'Transcendence. That's What You Want. When That Happens—Oh, Boy'", *The Guardian*, 12 de novembro de 2015.

P. 10 "Quando escrever a história da sua vida, não deixe outra pessoa segurar a caneta."
"Isso daria uma boa letra de música", disse Prince, depois de citar o comentário de Julia Ramadan. Veja Jon Bream, "A Night with Prince: 'This Is Real Time'", Minneapolis, *Star Tribune*, 19 de maio de 2013.

P. 35 "Você já tentou compor um hit?"
Em 1999, Stefani cantou em "So Far, So Pleased", de Prince; depois, ele coproduziu e coescreveu "Waiting Room", do No Doubt. Veja Candice Rainey, "The All-Star: Gwen Stefani", *Elle*, 4 de maio de 2011.

Parte I.
The Beautiful Ones

P. 48
A mãe de Prince, Mattie Della Shaw, está ao lado de um carro, na foto datada de 25 de dezembro de 1956.

P. 50-77
Prince escreveu essas 28 páginas no início de 2016, em meio à fase intensa de retrospecção que também originou a turnê Piano & A Microphone.

P. 78, PARTE SUPERIOR
Mattie Shaw aparece ao lado de Prince no berço dele, em outubro de 1958; ele tinha quatro meses. Prince nasceu no dia 7 de junho de 1958. Na época, seus pais moravam em Minneapolis, no apartamento 203 do número 2201, na 5th Avenue S. Ele guardava essa foto no Vault.

P. 78, PARTE INFERIOR
O pai de Prince, John Nelson, aparece sentado ao piano em sua casa em Minneapolis, em março de 1973.

P. 79-118
Exceto quando indicada outra fonte, todas as anotações foram extraídas das conversas entre Dan Piepenbring e Prince, ocorridas em fevereiro de 2016.

P. 80
A família Nelson em uma foto feita em setembro de 1964 fora de casa, no número 915 da Logan Ave. N, em Minneapolis. Mattie Della Shaw está no canto superior esquerdo; John Nelson, no canto superior direito; Prince, aos seis anos, no canto inferior esquerdo; sua irmã Tyka, aos quatro anos, no canto inferior direito.

P. 81
Mattie aparece sentada, ao lado de um toca-discos, na sala de estar da família Nelson, em outubro de 1958. Prince guardava essa foto no Vault.

P. 83
Prince fantasiado, com lança e capacete, no início dos anos 1960.

P. 87–89
Mattie escrevia bilhetes de amor para John e, às vezes, colocava os papéis junto com os almoços que preparava antes de ele sair para o trabalho. Em um bilhete do final dos anos 1950, escreve: "Sabe, é estranho, as coisas com que sonho, ou seja, você e eu, na casa dos nossos sonhos. Fico sempre nos imaginando nela, você de robe, eu no meu penhoar, que já tenho desenhado na cabeça. Talvez seja por isso que quero que você compre um aparelho de som, porque há tantas lembranças, tantas palavras nos discos, em pensamentos que só podemos expressar dessa forma, não por palavras [...] É quase uma obsessão para mim. Nosso amor, eu quero que seja um sonho transformado em realidade."
"Se você pudesse ver o que tenho lá no fundo de mim. Quando estamos juntos, sinto algo que não sei dizer exatamente em palavras... Às vezes, acho que posso pintar um quadro — um dia, pretendo fazer isso, ou expressar meu sentimento a um pintor e colocar o quadro no nosso quarto ou em algum lugar muito especial na nossa casa." Ela comenta que, no dia seguinte, levará: "Skipper para a casa da minha mãe." E fecha com: "Boa noite, querido, volte logo para casa." (Em outro bilhete, Mattie escreve: "Se Skipper não me ocupar demais esta noite, talvez eu deite com você por um tempo." Há também um papel com um desenho de John e Mattie se beijando.)

P. 90–91
Prince, em frente ao carro da família, em maio de 1960, pouco antes do seu aniversário de dois anos; o apelido "Skipper" está rabiscado em azul na foto.

P. 93
Prince e Tyka, agosto de 1961.

P. 96
John Nelson guardava várias fotos de Mattie na carteira. Prince recebeu a carteira em algum momento depois da morte do pai, em agosto de 2001, e a preservou intacta em Paisley Park. A carteira foi encontrada no segundo andar, em um baú cheio de cadernos de Prince, em junho de 2016.

P. 99
John leva Tyka e Prince a um parque, em setembro de 1962.

P. 100, PARTE SUPERIOR
Um envelope enviado a "Skipper Nelson Baker" — o novo nome de Prince — por um amigo de Hempstead, NY, em 2 de janeiro de 1971. Depois de se separar de John, Mattie se casou com Hayward Baker, em 1968.

P. 100, PARTE INFERIOR
Prince, já com o aguçado senso de moda do seu pai, em foto feita aos 10 ou 11 anos.

P. 102
Durante 35 anos, John trabalhou no setor de produtos de plástico da Honeywell Manufacturing, onde, segundo o autor Jon Bream, produzia reostatos para fornos industriais. De acordo com sua filha Sharon, ele foi o primeiro funcionário negro da Honeywell.

P. 104-05
Um panfleto e cartões de visita do Prince Rogers Trio, a banda de jazz de John Nelson. Prince guardava uma cópia do panfleto no Vault em Paisley Park. Observe que "Laura", a música citada nas memórias, está no topo da coluna da direita. Em uma foto sem data, John (o primeiro à direita) conduz o grupo; o nome "Prince Rogers" estampa a bancada.

P. 106-07
Essa foto de Prince foi feita no nono ano e aparece no anuário de 1973 da Bryant Junior High School. O pai dele colocava esse retrato sobre o piano.

P. 108
No boletim do quarto trimestre, a Sra. Hoben, professora de Prince, escreve que ele "poderia ter resultados muito melhores, apesar de já estar acima da média. Ele é talentoso, inteligente e perspicaz". Este era um dos poucos boletins preservados no Vault, em Paisley Park.

P. 110
Aqui, Prince se apresenta no Plymouth Community Center, de Minneapolis, com a Grand Central, a banda que tinha no colégio, no início dos anos 1970. Seu primo Charles "Chazz" Smith tocava bateria.

P. 111
"Ei, sabia que sexo em excesso causa crescimento de cabelo?" Uma amostra da precocidade e do senso de humor de Prince na época do colégio, também preservada no Vault em Paisley Park.

P. 112
Prince em pose tímida aos 14 anos; fevereiro de 1973.

P. 113
O esboço de um músico, desenhado por Prince no início dos anos 1970.

P. 115, PARTE SUPERIOR
"A puberdade veio com a força de um furacão." Prince, no segundo ano do ensino médio, em foto do anuário de 1974 do Central High School.

P. 115, PARTE INFERIOR
No final do ensino médio, Prince comprou "uma Stratocaster creme idêntica à tocada por Jimi em Woodstock".

P. 116
"Marcie amava a viagem interior tanto quanto eu." Marcie Dixon sempre mandava fotos para Prince. Esta é datada de 30 de agosto de 1976. No verso, há um recado para ele: "Lembre-se de que você sempre terá um lugar no meu coração, aconteça o que acontecer."

P. 117
"O nome dela era Cari." Prince cita Cari em "Schoolyard", uma música inédita de 1990: "I was only sixteen and her name was Cari/She was the number one little girl I wanted to marry me/She was only 14, but she had the major body/Yeah, this girl was mean..." [Eu só tinha 16, e o nome dela era Cari/Ela foi a única garota com quem eu queria me casar/Ela só tinha 14, mas tinha um corpo de mulher/Sim, era uma garota malvada...]

P. 118
Uma foto da banda Grand Central, por volta de 1975. Da esquerda para a direita: William "Hollywood" Doughty, Prince, Linda Anderson, André Anderson, Morris Day e Terry Jackson. (Foto: Charles Chamblis)

P. 119
No Vault, Prince guardava vários bottons do início dos anos 1970; na época, ele estava no ensino médio.

Parte II. For You

P. 120
Prince, sem camisa, do lado de fora da casa, foto instantânea sem data.

P. 122-36 Álbum de fotos: junho de 1977-abril de 1978
No início da manhã do dia 19 de dezembro de 1977, depois de uma noite em claro, Prince decidiu iniciar um álbum de fotos. Ele tinha 19 anos e, em poucos dias, realizaria as últimas sessões de estúdio do seu álbum de estreia, *For You*. Com o final do ano chegando e o disco quase pronto, ele parou para pensar sobre sua trajetória até ali — ele queria eternizar aquela jornada até as vésperas do estrelato.

Desde o início de outubro, Prince estava gravando *For You* em um ritmo frenético, indo muitas vezes até altas horas da noite, tocando todos os instrumentos em todas as músicas e se encarregando da maior parte da produção. Movido pelo perfeccionismo, ele havia estourado o orçamento do projeto. Além disso, estava bem longe de casa: a ideia original fora gravar em Minneapolis, mas acabou produzindo o disco no estúdio Record Plant, em Sausalito, na Califórnia, um complexo de última geração que já havia recebido alguns de seus artistas favoritos, como Santana e Fleetwood Mac.

"Eu estava um caco quando terminei o disco", disse Prince à revista *Musician*, um tempo depois. Mas toda exaustão e ansiedade que ele sentia eram compensadas por uma postura confiante, até exuberante, como se vê no seu álbum de fotos. Ele gostou daquele primeiro contato com o sucesso. Seu empresário, Owen Husney, alugou uma bela casa de três andares no número 653 da Redwood Avenue, em Corte Madera, com vista para a Baía de São Francisco. Os dois moraram lá durante a produção de *For You*, junto com André "Cymone" Anderson, melhor amigo e colaborador musical de Prince; Britt, esposa de Husney; David "Z" Rivkin, engenheiro e amigo, admirado por Prince pelas proezas no estúdio; e Tommy Vicari, produtor-executivo do disco. O grupo foi uma segunda família, animando — e alimentando — Prince entre as cansativas sessões no estúdio.

O álbum de fotos de Prince cobre esses meses bastante criativos em São Francisco, mas as primeiras imagens datam de junho de 1977, época da assinatura do contrato de três anos com a Warner Bros. Records. Ele atualizou o álbum até abril de 1978, época do lançamento de *For You*. Quando o álbum foi descoberto, todas as fotos já haviam caído; reconstruímos o documento com a maior precisão possível.

P. 123, PARTE SUPERIOR
"Meu primeiro carro! Bonitinho, não é?" Curtindo o primeiro pagamento recebido da Warner Bros., Prince se debruça no capô do seu novo Datsun 200SX 1977, azul-celeste, em Minneapolis, em julho de 1977.

P. 123, PARTE INFERIOR
"A mosca falante e sua treinadora, Miss Pickupandbook." Tyka, irmã de Prince, e André Anderson, melhor amigo dele, em Minneapolis, em julho de 1977.

P. 124, PARTE SUPERIOR
"Primeira lavagem no carro." O Datsun ganha um trato digno de rei em Minneapolis, em julho de 1977.

P. 124, CENTRO
"Calado!" Em outubro de 1977, quando Prince, Husney e os outros chegaram à Corte Madera para gravar o *For You*, Tommy Vicari estava entre eles. Vicari ficou com a melhor acomodação: o sofá da casa. A todo momento, Prince aparecia para despertá-lo, pois queria fazer maratonas no estúdio. Vicari tinha muitos anos de experiência na indústria musical e rapidamente percebeu aquele enorme talento — mas Prince logo quis mandá-lo embora. Vicari costumava ser alvo das pegadinhas dele — esta foto é a primeira de muitas feitas logo depois de Vicari ser acordado por Prince.

P. 124, PARTE INFERIOR
"Eddie e Sancheze." Eddie Anderson, irmão de André, em Minneapolis, em junho de 1977.

P. 125, PARTE SUPERIOR
"Em geral, levo os dentes quando vou para o estúdio." Aqui, Prince aparece sentado, diante de um teclado, no estúdio Sound 80, em Minneapolis, em setembro de 1977. Obviamente, ele achou que parecia na foto alguém que se esquecera da dentadura. Prince começou a gravar o *For You* no Sound 80 — no conforto da sua cidade natal — e esperava ficar lá até o final, mas logo teve que mudar de estúdio. Ele havia persuadido o pessoal da Warner Bros. a deixá-lo produzir o álbum, mas, para garantir, a gravadora mandou Tommy Vicari, um veterano da indústria, como supervisor da engenharia do disco. Pouco tempo antes, o Sound 80 tinha instalado um novo console — mas Vicari achou que, por ser muito novo, levaria muitos meses para polir o som nele. Então, para economizar tempo, Prince e a gravadora concordaram em levar a produção para o Record Plant, em Sausalito.

P. 125, PARTE INFERIOR
"O vento faz muito bem para o cabelo!" Prince relaxa a bordo de um veleiro em Minneapolis, em julho de 1977.

P. 126, PARTE SUPERIOR
"Vista da cela em que eu estava quando assinei meu primeiro contrato de gravação." No final de junho de 1977, Prince e Husney voaram para Los Angeles para fechar com a Warner Bros. Eles ficaram no Sheraton Universal Hotel — a cerca de dez minutos de carro da sede da gravadora —, onde Prince fez essa foto.

P. 126, CENTRO
"Pee-pee não é uma palavra feia." Bernadette Anderson, mãe de André Anderson, sorri para a câmera de Prince em Minneapolis, em julho de 1977. Prince escreveu nas memórias que Bernadette foi uma figura muito importante na sua vida e um ícone na comunidade de North Minneapolis, onde era diretora da YWCA. Quando Prince era adolescente e passava por uma fase difícil no relacionamento com seus pais, Bernadette o acolheu e o convidou para morar com ela e os seis filhos — André era o caçula — no número 1244 da Russell Avenue North. Depois que sua vida familiar se estabilizou, Prince continuou passando muito tempo no porão dos Anderson, tocando com André. Eles formaram a banda Grand Central, com Chazz Smith, primo de Prince, na bateria, que depois foi substituído por Morris Day. Prince, que planejava dedicar "um capítulo inteiro" a Bernadette nas memórias, ainda morava com ela quando Husney se tornou seu empresário, em 1976.

P. 126, PARTE INFERIOR
"Gatinha dando uma volta por Los Angeles." Los Angeles, junho de 1977.

P. 127, PARTE SUPERIOR
"Pôr do sol em L.A." Los Angeles, junho de 1977.

P. 127, CENTRO
"Meu primeiro cheque da gravadora." Após fechar com a Warner Bros., a gravadora enviou seu primeiro cheque para o Sheraton Universal Hotel. Datado de 24 de junho de 1977 — menos de três semanas após seu aniversário de 19 anos —, estava em nome de Prince Rogers Nelson e da American Artists (a empresa de Husney), e seu valor era de 80 mil dólares, um adiantamento sobre os royalties. Prince ficou fascinado com o cheque, que convertia pela primeira vez sua dedicação intensa e seu talento sobrenatural em ganhos materiais. Na montagem da foto, ele colocou uma caneta e um pente afro, como se estivesse preparando o penteado pouco antes de assinar o cheque.

Mas a Warner Bros. queria que ele participasse de um evento nada animador. Para comemorar o contrato, a gravadora organizou uma cerimônia no La Serre, um restaurante francês de luxo na Ventura Boulevard. Como Prince não se sentia à vontade para conversar com executivos de gravadoras, seu amigo David Rivkin sugeriu que gravasse uma canção para a ocasião; assim, expressaria sua gratidão por meio da música e evitaria uma socialização muito intensa. O resultado foi "I Hope We Work It Out", uma música inédita que trazia o verso: "Makin' music naturally, me and W.B." [Fazendo música naturalmente, eu e a W.B.]. Aparentemente, nesse hit que só estourou no La Serre, Prince seduzia seu novo selo: "Now that I know your name and you know mine/Ain't it just about time that we got together?/We could make such beautiful music... forever" [Agora que sei seu nome e você sabe o meu/Não é hora de ficarmos juntos?/Podemos fazer essa música tão bela... para sempre]. A música termina com uma bomba explodindo — uma sugestão profética de sua célebre disputa com a gravadora nos anos 1990.

P. 127, PARTE INFERIOR
"Vista do Sheraton Universal Hotel." Outra foto de junho de 1977, registrando como Prince via a cidade quando assinou seu primeiro contrato de gravação.

P. 128, PARTE SUPERIOR
"'E aí, o que está acontecendo?' Papai com Cara de Mau." John Nelson em Minneapolis, em outubro de 1977.

P. 128, CENTRO
"'Manda um direto no meu peito! Vamos lá, com toda força!'" André Anderson em Minneapolis, em outubro de 1977.

P. 128, PARTE INFERIOR
"'O gramado e Robin Crockett.'" Prince fez essa foto da amiga Robin Crockett em outubro de 1977. Em 2007, Crockett comprou a casa da família Anderson na Russell Avenue, onde Prince e André ensaiavam. Em 2018, durante uma entrevista com Rebecca Bengal, da *Vogue*, Crockett lembrou: "A gente ficava sentada na esquina da Plymouth, todas cheias de cacheadores de cabelo cor-de-rosa, esperando o sinal para acompanhar o ensaio da banda, como um bando de groupies. Ser groupie era legal! Fazia parte da nossa cultura. A gente era da zona norte, e eles também... Muita coisa rolava nesse porão. É isso. De lá saiu todo esse brilho."

P. 129, PARTE SUPERIOR
"(Minha prima Deniece)." Minneapolis, outubro de 1977.

P. 129, CENTRO
"Tommy, em sua posição habitual." A fase seguinte da agressiva prática de despertar Tommy Vicari; Corte Madera, outubro de 1977.

P. 129, PARTE INFERIOR
"Essa gatinha era de parar o trânsito." Em junho de 1977, Prince fotografou um outdoor em Los Angeles que promovia o álbum *Stay in Love*, de Minnie Riperton, lançado em fevereiro. Alguns anos depois, seu segundo álbum (*Prince*) foi promovido em um outdoor na Sunset Boulevard. Várias décadas depois, em 2011, Maya Rudolph, filha de Riperton, montou a Princess, uma banda cover do Prince, com sua amiga Gretchen Lieberum. Em 2015, durante uma entrevista à *L.A. Weekly*, as duas disseram que haviam sido aprovadas por Prince: "Ganhamos dele uns abraços bem fortes e calorosos, e ele disse que tinha gravado no DVR nossa apresentação no programa do Jimmy Fallon."

P. 130, CANTO SUPERIOR ESQUERDO
"Me dá um beijo, vamos lá, quero ver!" Bobby "Z." Rivkin em Minneapolis, em julho de 1977. Mais tarde, Bobby Z. seria o baterista da banda The Revolution.

P. 130, CANTO SUPERIOR DIREITO
"Não, isto não é um cartão-postal!" Prince registra uma vista pitoresca da ponte Golden Gate, em outubro de 1977.

P. 130, PARTE INFERIOR
"Provarei ao mundo que os cegos também jogam tênis!" André Anderson, escorado no Datsun de Prince, segura uma raquete de tênis e faz cara de determinação. Minneapolis, setembro ou outubro de 1977.

P. 131, PARTE SUPERIOR
"Meu primeiro 'show remunerado' foi aqui. Lotação máxima: 113 pessoas; casa cheia. Cara, como choveu." Bethune Park e Phillis Wheatley Community Center, em Minneapolis, julho de 1977.

P. 131, CENTRO
"2 páginas depois, ele ainda está lá! Sim, vejo sono nos seus olhos!" Prince continua atormentando Tommy Vicari, que segue no sofá e parece sonolento. Corte Madera, outubro de 1977.

P. 131, PARTE INFERIOR
"Pwince!" Em junho de 1977, Prince ainda estava bastante ligado a Marcie Dixon. Quase 40 anos depois, nas suas memórias, ele escreveu que ela era a única que entendia a relação dele com a música.

P. 132
"ANTES... e depois da operação." Durante um passeio de carro, Prince encarna Groucho Marx, com resultados surpreendentes. Minneapolis, julho de 1977.

P. 133, PARTE SUPERIOR
"Minha Primeira Casa." Em abril de 1978, no mês do lançamento de *For You*, Prince utilizou parte do adiantamento da Warner Bros. para comprar uma casa, no número 5215 da France Avenue S, perto de Edina, um subúrbio de Minneapolis. No porão, montou seu primeiro estúdio caseiro, bastante simples, para gravar o que quisesse a qualquer hora. Prince manteve essa prática nas demais casas em que morou no perímetro de Minneapolis até a criação do Paisley Park, cerca de uma década depois.

P. 133, CENTRO
"Nunca é tarde para aprender a andar nessa coisa." Aos 61 anos, John Nelson, pai de Prince, pedala por Minneapolis, em abril de 1978.

P. 133, PARTE INFERIOR
"Sausalito." Em outubro de 1977, quando chegou ao estúdio onde passaria os próximos meses gravando e polindo seu primeiro álbum, Prince liberou seu turista interno e fez essa foto da orla cintilante.

P. 134, PARTE SUPERIOR
"Vista do jardim da casa em Los Angeles." Em janeiro de 1978, depois de concluir a gravação das faixas do *For You*, Prince e sua equipe foram mixar o disco no Sound Labs, um estúdio de Los Angeles. Owen Husney alugou para o grupo outra casa mobiliada, no número 2810 da Montcalm Avenue, em Hollywood Hills.

P. 134, PARTE INFERIOR
"Venice, Califórnia. Retrato de Thomas Edison com bengala." Prince observava os pedestres — jovens, velhos e antigos — em Venice Beach, em janeiro de 1978.

P. 135, PARTE SUPERIOR E CENTRO
"Trouxe cinco hits!" e "Por que você não visita o cachorro e a mim de vez em quando". Pepé Willie, retratado em Minneapolis, em abril de 1978, era um mentor para Prince, que tinha 12 anos quando o conheceu. Marido de Shauntel Manderville, prima de Prince, Willie também era músico e, em 1975, chamou Prince para gravar com sua banda, a 94 East; aos 16 anos, esta foi primeira sessão de Prince em um estúdio. "Prince tocou melhor do que os músicos profissionais de estúdio, e olha que eu já participei de muitas sessões", disse Willie à *Rolling Stone* em 2016. "Nunca vi nenhum guitarrista tocar como Prince na primeira sessão em um estúdio. Foi de cair o queixo."

P. 135, PARTE INFERIOR
"O salão de farras em L.A." Janeiro de 1978.

P. 136, CENTRO
"Fique tranquilo! Já vi rostos melhores em garrafas de iodo!" Prince em Minneapolis, em julho de 1977.

P. 136, PARTE INFERIOR
"2810 Montcalm, André na janela, Tommy e Diane estão ali." Los Angeles, janeiro de 1978.

P. 137-203
As falas de Prince citadas nesta seção e na próxima foram extraídas das seguintes fontes: Jon Bream, "Our Teenage Virtuoso Is Home To Play at Last", *The Minneapolis Star*, 5 de janeiro de 1979; Bream, "World of Music Gets a Sexy Prince", *The Minneapolis Star*, fevereiro de 1980; Tim Carr, "Prince: A One-Man Band and a Whole Chorus, Too", *The Minneapolis Tribune*, 30 de abril de 1978; Barbara Graustark, "Prince: Strange Tales from Andre's Basement", *Musician*, setembro de 1983; Robert Hilburn, "The Renegade Prince", *Los Angeles Times*, 21 de novembro de 1982; Cynthia Horner, "A Close Encounter with Prince!", *Right On!*, janeiro de 1979; entrevista com Larry King, *Larry King Live*, 10 de dezembro de 1999; Lynn Normant, "Ebony Interview with Prince", *Ebony*, julho de 1986; Jeff Schneider, "Prince", *Insider*, maio-junho de 1978; Andy Schwartz, "Prince: A Dirty Mind Comes Clean", *New York Rocker*, junho de 1981; e Steve Sutherland, "Someday Your Prince Will Come", *Melody Maker*, junho de 1981.

P. 138-41
Durante a temporada na casa da Montcalm Avenue, em janeiro de 1978, Prince escreveu legendas nos versos de várias fotografias, aparentemente com a intenção de enviá-las para alguém. Quando morreu, as fotos estavam no Vault, em Paisley Park.

P. 142-43
Prince toca guitarra na cama em sua nova casa na France Avenue, em abril de 1978. (Foto: © 1986 Joseph Gianetti)

P. 144-46
"Fiz esta foto de mim e do aquecedor no espelho do banheiro", escreveu Prince. Essa imagem foi registrada em uma sessão de fotos que fez sozinho no banheiro da casa na Montalm 2810, usando uma calça legging vermelha, um short jeans rasgado e, em algumas, uma mão falsa. (Um tempo depois, ele cantaria o verso "If you understand my color, put your hand in your crotch" [Se você entende a minha cor, ponha a mão na sua virilha], na canção "Purple Music".)

P. 147
Prince em Minneapolis, em abril de 1978, na época do lançamento do seu álbum de estreia, *For You*.

P. 148-49
Prince e, ao fundo, as colinas de Bay Area, em outubro de 1977.

P. 151
Embora não tenha sido incluído no álbum de fotos, Prince guardou um instantâneo de uma viagem anterior a Los Angeles, realizada em 27 de maio de 1977. Antes de assinar com a Warner Bros., ele havia sido abordado pela A&M Records, que bancou uma passagem de avião e hospedagem no Beverly Wilshire Hotel. Prince foi fotografado na escadaria revestida de carpete vermelho do hotel e escreveu "Por conta da A&M" no verso da foto.

P. 152
Nos últimos dias da gravação de *For You* — e, por coincidência, quando estava começando a montar o álbum de fotos —, Prince quebrou seu querido sintetizador Polymoog, um dos instrumentos com que queria criar um som novo e especial. Husney logo tratou de alugar outro de Shirley Walker, uma compositora de trilhas para cinema. "Boa sorte com o álbum", escreveu ela na fatura. "Espero que ganhe o disco de platina na 1ª semana."

P. 153
Outra foto de Prince no estúdio Sound 80, em Minneapolis, gravando demos das músicas que entrariam no *For You*, em setembro de 1977.

P. 154–56
Nestas duas versões da letra de "Soft and Wet", seu primeiro single, surgem padrões criativos que Prince adotaria consistentemente ao longo da carreira. Primeiro, a produção de vários rascunhos das letras, em uma sequência de refinamento das versões; segundo, o uso de pseudônimos engraçados para se distanciar do material. Aqui, Prince se identifica como "Percy", um nome bastante utilizado por ele nos anos 1970, às vezes junto com "Bagonia". Em outro caderno, há uma lista de nomes falsos, como "Dexter Cunningbowl", "Alfred Horkelsby", "Seymou" e "Harriet Tubman".

No verão de 1976, Prince já havia escrito "Soft and Wet". A letra foi criada por ele e Chris Moon, fundador da Moon Sound, um estúdio de gravação em oito canais em South Minneapolis, onde Prince registrou grande parte dos seus primeiros trabalhos. A Warner Bros. lançou o single definitivo, na versão de *For You*, em 7 de junho de 1978, data do 20º aniversário de Prince. A canção chegou ao 92º lugar na parada Hot 100 da Billboard e ao 12º lugar da Hot Soul Singles.

P. 157–58
Ao levar seu álbum de estreia do sonho para a realidade, Prince se divertia imaginando e esboçando todos os aspectos do disco, como a capa, os créditos e a ordem das faixas, que mudava constantemente. Apenas três das músicas listadas aqui ("For You", "Soft and Wet" e "Baby") foram incluídas no disco. Outra lista das faixas de *For You* inclui "Sometimes It Snows in April", uma música que sairia em *Parade*, álbum de 1986.

P. 159
Ao se autoproduzir, Prince era criterioso com suas harmonias vocais, gravando dezenas de vozes em diferentes notas para gerar acordes exuberantes. Para controlar as harmonias, ele fazia uma lista minuciosa dos trechos de cada música indicando as notas que precisava cantar, como fez aqui em "Baby".

P. 160
Prince continuava bem-humorado mesmo depois de uma maratona no estúdio, como se vê nesta planilha que registrava os níveis de várias faixas e faders durante a mixagem de "Baby". Há referências a Chaka Khan, Bianca Jagger, Joni Mitchell e Tommy Vicari, além de rabiscos sugerindo um beijo entre duas pessoas — algo que lembra os desenhos que sua mãe mandava para seu pai.

P. 161
Desenho feito por Prince no caderno de letras de For You, por volta de 1976-77. O caderno também contém uma versão inicial da canção "Sometimes It Snows in April", que só seria lançada uma década depois.

P. 162
Prince no retrovisor do seu novo Datsun, em julho de 1977.

P. 163
Fotos feitas por Joseph Giannetti na sessão para a arte de For You, realizada em uma loja Macy's de São Francisco, em 1977. (Fotos: © 1986 Joseph Giannetti)

P. 164-65
Para promover o single "Soft and Wet", Prince iniciou uma turnê de autógrafos em lojas de discos do país inteiro. Esses eventos promocionais deveriam ser pequenos, mas Prince logo se viu cercado por uma multidão de fãs mais jovens do que ele. Aqui, ele aparece na Record Factory, em Oakland, na Califórnia; em outro evento, incrivelmente, os fãs levaram pôsteres com a imagem dele.

P. 166
Prince faz uma pose desafiadora em foto feita na sessão para a capa do disco Dirty Mind, por volta de 1980. (Foto: © 1985 Allen Beaulieu)

Parte III.
Controversy

P. 168-69
Em 1979, a Warner Bros. colocou um outdoor na Sunset Boulevard para promover o disco *Prince*. Na época, "I Wanna Be Your Lover" foi o single de maior sucesso de Prince, chegando à 11ª posição na Billboard Hot 100 e à 1ª na Billboard Hot Soul Singles. O kit de imprensa criado pela Warner Bros. era hiperbólico: "Com seu figurino escandaloso, ou ausência de figurino, suas letras sensuais e sugestivas e sua fusão explosiva de rock/disco/R&B, a extravagância de Prince testa os limites reservados às estrelas da música."

P. 170-71
Como no *For You*, Prince já sabia como seria a capa do segundo disco: contra um fundo azul, ele apareceria sem camisa, com uma expressão solene. As fotos feitas na sessão de outubro de 1979 mostram a busca pela combinação certa de distância e intimismo para preservar sua aura. (Fotos: © Jurgen Reisch para a Warner Bros.)

P. 172-73
Prince atuava diretamente nas ações de promoção e marketing da Warner Bros. voltadas para sua obra, mas nunca quis ser rotulado pela gravadora. Ele guardava muitas provas de produção e kits de imprensa do início da carreira, como essas indicações para os pôsteres promocionais do seu segundo álbum, *Prince*, de 1979. (Provas: © Warner Bros. Foto de Prince: © Jurgen Reisch)

P. 174
Vestindo a combinação provocante de sobretudo e tanga que se tornaria sua marca registrada no início da carreira, Prince faz a barba no camarim antes de um show da turnê de *Dirty Mind*, seu terceiro disco. A turnê ocorreu de dezembro de 1980 a abril de 1981. (Foto: © 1985 Allen Beaulieu)

P. 175-78
Allen Beaulieu fotografou Prince e a banda para a arte do álbum *Dirty Mind*, de 1980; Dez Dickerson, guitarrista do grupo, aparece em algumas imagens desta sessão. Prince disse a Beaulieu que queria ser retratado em uma cama na capa do disco. Foi ideia de Beaulieu comprar um colchão de mola em um ferro-velho e fotografar Prince em frente à armação. (Foto: © 1985 Allen Beaulieu)

P. 179
Prince fica só de tanga durante um show da turnê de *Dirty Mind* no Sam's de Minneapolis, em 9 de março de 1981. (Foto: © 1985 Allen Beaulieu)

P. 180-81
Um retrato de Prince em close do começo dos anos 1980. (Foto: © 1985 Allen Beaulieu)

P. 182-83
O manuscrito da letra de "Dirty Mind", faixa-título do seu terceiro álbum, sugere que Prince, inicialmente, pensava em chamá-la de "Naughty Mind". O tecladista Matt "Doctor" Fink se lembra de colaborar na canção com ele. "Ela germinou no meio de uma jam, durante um ensaio", disse ele a Matthew Wilkening, do site *Diffuser*, em 2017. "Sempre tinha um aquecimento antes de a banda trabalhar nas músicas do novo disco. Do nada, durante uma dessas jams, toquei essa progressão de acordes... No final do ensaio, ele disse: 'Aparece lá em casa hoje à noite.' — Ele tinha um estúdio em casa na época. — 'Quero trabalhar em cima da sua jam.'" Na manhã seguinte, Prince tinha uma "demo com vocais, letra e guitarras, tudo pronto. Ele disse: 'Pessoal, deem uma conferida nessa, acho que vai ser a faixa-título do terceiro álbum.'" As gravações começaram em maio ou junho de 1980 no estúdio caseiro de Prince, no número 680 da North Arm Drive, em Orono, no Minnesota. A casa ficava perto do lago Minnetonka, que seria citado alguns anos depois em uma das falas mais marcantes de Prince no filme *Purple Rain*: "Você precisa se purificar nas águas do lago Minnetonka."

P. 184-85
Quatro instantâneos sem data, do início dos anos 1980.

P. 186-87
Prince atende a um telefonema na cama, por volta de 1980-81. (Foto: © 1985 Allen Beaulieu)

P. 188-89
Prince dá um sorriso sacana ao lado de uma máquina de pinball nos bastidores da turnê de *Controversy*. (Foto: © 1985 Allen Beaulieu)

P. 190
Sempre aproveitando os materiais disponíveis, Prince rabiscou a letra de "Do Me, Baby" em um saco de papel. A música está no seu quarto álbum, *Controversy*, lançado em 1981.

P. 191
O disco *Dirty Mind* tinha canções que falavam sobre incesto e sexo oral, mas Prince queria ir mais longe na sua missão de chocar o público — então, escreveu "Vagina", uma música inédita, de 1981 ou 1982, sobre um amante que é "meio garoto, meio garota, o melhor dos dois mundos". Ao escrever a letra no papel, ele usou tinta vermelha, como em grande parte do material de *Dirty Mind*, e desenhou Vagina só para garantir. Talvez Prince pronunciasse o *i* de "Vagina" como um *e* longo, como no nome "Gina". Ele queria que Denise Matthews usasse esse nome artístico, mas ela optou por Vanity, bem mais suave.

P. 193
Quando a inspiração batia, Prince escrevia em qualquer material ao seu alcance — aqui, ele criou a letra de "Partyup" na capa de um disco de 12 polegadas; primeiro a lápis, depois em tinta vermelha, espessa e brilhante, como em várias músicas de *Dirty Mind*; ele parecia estar fixando suas intenções indecorosas no papel. A arte do álbum continha muitas imagens com spray vermelho pingando — uma continuação dessa estética. Depois de escrever rapidamente, Prince revisava suas letras na hora. A letra publicada de "Do It All Night", por exemplo, não incluía algumas palavras obscenas presentes no manuscrito: o verso "I drown, baby, drown, baby, in your arms" [me afogo, baby, me afogo, baby, nos seus braços] antes dizia "I'll make you drown, baby, drown, baby, in your come" [vou fazer você se afogar, baby, se afogar, baby, no seu gozo]. Nas rádios, os DJs receberam cópias de *Dirty Mind* com um adesivo de aviso: *Aos programadores: Ouçam antes de tocar.*

P. 194–95
Prince bebe suco de laranja nos bastidores da turnê de *Dirty Mind*, em 1981. (Foto: © 1985 Allen Beaulieu)

P. 196–97
Um instantâneo da colagem criada por Prince para uma versão inicial da capa do seu quinto álbum, *1999*, lançado em 1982.

P. 199
Esta versão inicial de "1999" está cheia de rasuras e correções. Mais interessante, vemos que, originalmente, o primeiro verso era: "I was trippin' when I wrote this" [Eu estava "viajando" quando escrevi isso].

P. 200
Morris Day, líder da The Time, troca saudações com o esquivo "Jamie Starr" nestas duas fotos do início dos anos 1980. Starr e a "The Starr * Company" receberam créditos de produção nos dois primeiros álbuns da The Time, bem como no disco da Vanity 6 e em *Dirty Mind*, entre outros. Em 1982, Prince afirmou categoricamente ao *Los Angeles Times*: "Não sou Jamie Starr." Na verdade, ele era Jamie Starr. "Eu estava cansado de ver meu nome", disse ele à revista *Bass Player*, em 1999. "Se você dá uma ideia para alguém, ela ainda é sua. De fato, isso deixa a ideia mais forte. Por que as pessoas precisam receber crédito por tudo que fazem? Ego; só por isso." Para reforçar o disfarce, Prince pediu para que Allen Beaulieu o fotografasse vestido como Jamie Starr junto com Morris Day no estúdio. Prince estava com cabelos brancos, um sutiã foi pendurado na cadeira, havia uma revista feminina aberta no console, um cinzeiro cheio estava ao lado dele, e notas de dólares foram espalhadas pelo local. A garrafa Heinz perto dos faders, provavelmente, é molho de pimenta, o condimento favorito da The Time. Sempre que alguém do grupo gritava "molho de pimenta!", a banda mudava de groove. Prince e a The Time gostavam tanto da expressão que fizeram uma música com esse título para *Ice Cream Castle*, álbum da The Time lançado em 1984. (Foto: © 1985 Allen Beaulieu)

P. 201
No vinil de *1999*, há uma fotografia do olho esquerdo de Prince no centro; quando o disco toca, o olho gira hipnoticamente. Ele guardou uma cópia da prova, propriedade da Warner Bros.

P. 202
Prince não explicava o significado das suas letras nem as circunstâncias do processo de composição. "Elas são suas; faça o que quiser com elas", disse ele ao *Times* de Londres, em 1996. "Não quero estragar o processo explicando minha visão sobre elas." Em entrevista à revista *Musician*, em setembro de 1983, ele comentou sobre "Little Red Corvette": "Essa música fala de um episódio real. Uma garota em um pequeno Corvette vermelho..." Ele não deu mais detalhes, e talvez estivesse de conversa fiada.

Como grande parte de *1999*, "Little Red Corvette" foi gravada no estúdio caseiro de Prince, no número 9401 da Kiowa Trail, em Chanhassen, em Minnesota. A canção foi sua primeira a chegar ao top 10 nos Estados Unidos. Depois de escrever essa versão da letra, Prince mudou o verso "try to wreck your little red love machine" [tente destruir sua pequena máquina vermelha de amor] para "tame your little red love machine" [dome sua pequena máquina vermelha de amor]. O final também ganhou um dístico, que deu origem a uma variação da música, que está no raro "dance mix": "Cush, cush, cushion in a velvet sweat,/Suck it all night so you don't forget! Mayday!" [Tranquilo, tranquilo, almofada de veludo suada,/Chupe a noite toda para não esquecer! Socorro!]

Parte IV.
Baby I'm a Star

P. 204
Prince guardava dezenas de instantâneos feitos durante as filmagens de *Purple Rain*; na gravação, a equipe se dedicava a manter a consistência do visual dele nos vários takes.

P. 206–16
Esse texto é uma sinopse de 11 páginas do filme que originou *Purple Rain*. Prince o escreveu na primavera ou no verão de 1982. Desde, pelo menos, março, ele pensava em fazer um filme baseado na sua vida e quis até inserir cenas autobiográficas no documentário *The Second Coming*, um filme dirigido por Chuck Statler sobre a turnê de *Controversy*. Ele logo interrompeu a produção do filme, que continua inédito, mas não descartou a ideia de um longa-metragem — algo relacionado à sua turbulenta ligação com os pais, ao divórcio deles e à intensa cena musical de Minneapolis, com suas rivalidades e fortes ambições.

Foi a primeira tentativa de Prince de elaborar o enredo do filme. Aqui, ele reflete sobre os temas que estariam presentes em *Purple Rain* e, décadas depois, sobre suas memórias. Sua empresa contratou William Blinn, um autor de televisão que trabalhara na minissérie *Roots*, para criar o roteiro. Blinn entregou uma versão inicial com o título *Dreams* em maio de 1983 e fez uma revisão em julho, mas teve que começar outro trabalho antes que o filme encontrasse um diretor.

Logo depois de Albert Magnoli entrar no projeto, Prince se afastou de Vanity, que sempre havia imaginado como seu par romântico no filme. Ela foi substituída por Apollonia Kotero. O filme também ganhou um novo título: *Purple Rain*, o nome de uma música escrita por Prince naquele verão e tocada ao vivo pela primeira vez no dia 3 de agosto, na First Avenue.

Magnoli reescreveu o roteiro, eliminando alguns dos elementos mais sombrios presentes na sinopse de Prince e nas versões de Blinn. Apesar disso, boa parte do filme ainda expressa as linhas originais de Prince.

As filmagens de *Purple Rain* começaram em novembro de 1983, e o filme foi lançado em julho de 1984. A trilha sonora contém apenas duas das oito músicas inicialmente listadas para a obra: "Baby I'm a Star" e "I Would Die 4 U".

P. 222–50
As falas de Prince citadas nesta seção foram extraídas das seguintes fontes: Susie Boon, "The Artist Informally", *Top of the Pops,* maio de 1997; Jon Bream, "Our Teenage Virtuoso Is Home to Play at Last", *The Minneapolis Star,* 5 de janeiro de 1979; Cheo Hodari Coker, "A Night with Prince", *Essence,* junho de 2014; Robert L. Doerschuk, "The Sound of Emancipation", *Musician,* abril de 1997; Steve Fargnoli e Prince, "MTV Presents Prince", MTV, 13 de novembro de 1985; Neil Karlen, "Prince Talks: The Silence Is Broken", *Rolling Stone,* 12 de setembro de 1985; Lynn Normant, "*Ebony* Interview with Prince", *Ebony,* julho de 1986; entrevista de Chris Rock com Prince, *VH1 to One,* janeiro de 1997; e o primeiro show da turnê Piano & A Microphone, no Paisley Park, em 21 de janeiro de 2016.

P. 222–23
Talvez Prince tenha escrito "Let's Go Crazy" em 1982; a primeira demo foi gravada em maio de 1983 no estúdio da casa dele, em Chanhassen. A versão que aparece em *Purple Rain* foi gravada ao vivo no dia 7 de agosto, com a Revolution, no galpão onde a banda ensaiava. Este manuscrito inclui um verso fatídico no grave monólogo de abertura: "So u better try to be happy 'cause one day the sun may set for good" [Então trate de ser feliz, porque um dia o sol pode se pôr para sempre].

P. 224–25
Esta versão da letra de "Computer Blue" tem uma mancha roxa misteriosa; no verso, Prince escreveu a palavra "Purple" com uma grafia cheia de floreios. Muitos versos não foram incluídos na gravação, como "icky cellophane love affairs" [casos de amor de celofane grudento]. Quando a banda Prince and the Revolution gravou "Computer Blue", em agosto de 1983, a faixa tinha mais de 14 minutos e incluía um discurso melancólico em que Prince dava nomes de emoções aos corredores da sua casa: luxúria, medo, insegurança, ódio, dor. Prince orientou Wendy Melvoin e Lisa Coleman, suas colegas de banda, a recitar uma pequena conversa que ele havia escrito: "Wendy?" "Sim, Lisa." "A água já está quente?" "Sim, Lisa." "Podemos começar?" "Sim, Lisa." Talvez Prince estivesse pensando em um trecho do manuscrito original: "You say you want a relationship based on give and take. Tell u what: I'll give you a baby if u take a bath" [Você diz que quer um relacionamento baseado em troca. Vamos fazer o seguinte: eu te dou um bebê se em troca você tomar um banho].

P. 226
Quando Tipper Gore viu a filha ouvindo "Darling Nikki", em 1984, ficou tão indignada com o tema da masturbação que fundou o Parents Music Resource Center, um comitê que levou a indústria fonográfica a colocar adesivos em discos com "letras de teor explícito". Em 1987, no livro *Raising PG Kids*

in an X-Rated Society [Criando Filhos Saudáveis em uma Sociedade Só para Maiores], ela escreveu: "Não acreditei no que estava ouvindo! A letra era vulgar e constrangedora para nós duas. De início, fiquei chocada; depois, furiosa!" Provavelmente, o outro verso do manuscrito — "Twice she cooked me dinner/Taste like shit both times" [Ela fez o jantar duas vezes/O gosto foi uma merda nas duas] — não teria melhorado o entusiasmo de Gore pela música, gravada por Prince em julho de 1983 na casa da Khasa Trail, em Chanhassen. Ao longo da carreira, ele citou Tipper Gore algumas vezes. Em 2001, durante uma coletiva para anunciar a primeira edição da Celebration em Paisley Park, Prince disse que o evento seria familiar e que já não falava palavrões. "Até Tipper Gore pode vir", disse ele.

P. 227-29
"Não quero dinheiro. Não quero amor. Se quisesse isso, eu compraria. Quero só o que for profundo. A matéria-prima dos seus sonhos. Quero controle. Já tenho as chaves, agora quero o volante. Experimente." Em uma versão inicial de "Purple Rain", Prince testa o célebre tom melancólico e inspirador da sua música mais famosa. Ele adotou intencionalmente um estilo épico, criando uma balada rock para atingir um público mais amplo. "Confie em mim", escreve ele. "Não sou político, sou um músico roxo e só quero libertar você." (Na mesma linha, nos set lists da turnê Piano & A Microphone, de 2016, ele se referia à canção "Purple Music" como "Welcome 2 the Freedom Galaxy".)

P. 231
Foto de Prince com seu fiel guarda-costas "Big Chick" Huntsberry, em frente à casa roxa na Kiowa Trail, em meados dos anos 1980. Na época da morte de Prince, essa foto estava emoldurada no camarim do segundo andar, em Paisley Park.

P. 232
Esta versão inicial de "Raspberry Beret", gravada em 1982, no estúdio Sunset Sound, contém vários versos que não estão na versão lançada em 1985, no disco *Around the World in a Day*. Os versos em que o narrador descreve como acorda e descobre que sua amada se foi e deixou "um bilhete no chão" antecipam "Darling Nikki", gravada cerca de um ano depois.

No roteiro de Albert Magnoli, havia uma cena de amor entre Prince e Vanity em um celeiro durante uma tempestade. Essa cena foi filmada, mas acabou sendo cortada na edição. Talvez ele estivesse pensando nisso quando, em setembro de 1984, gravou a versão definitiva de "Raspberry Beret" com uma nova letra: "The rain sounds so cool when it hits the barn roof/ And the horses wonder who you are/Thunder drowns out what the lightning sees/You feel like a movie star" [A chuva parece tão amena ao cair no telhado do celeiro/E os cavalos se perguntam quem você é/O trovão abafa o que o relâmpago vê/Você se sente como uma estrela de cinema].

P. 235
Prince gravou "Kiss" — ainda "Your Kiss" neste manuscrito — no dia 28 de abril de 1985, no Sunset Sound. Ele pretendia dar a música à banda Mazarati, liderada pelo seu velho amigo David "Z" Rivkin e por Brown Mark, baixista da Revolution, que estavam gravando no mesmo estúdio na época. A banda recebeu uma demo, mas Prince ficou tão impressionado quando ouviu o novo formato que pediu a música de volta — ela estava cheia de funk. Na noite seguinte, ele partiu daí para produzir a faixa lançada no disco *Parade* um ano depois; a canção chegou ao 1º lugar na parada Hot 100 da Billboard.

P. 237-38
Jeff Katz fotografou Prince para a capa do disco *Parade*, de 1986; aqui, vemos algumas fotos dessa sessão. Ao renovar seu passaporte, alguns meses após o lançamento do álbum, Prince usou uma das fotos de Katz. (Fotos: Jeff Katz)

P. 240-45
Em fevereiro de 1986, Rebecca Blake dirigiu o clipe de "Kiss", em que uma mulher de véu e óculos escuros dança com Prince enquanto Wendy Melvoin toca guitarra. Blake enviou os storyboards para Prince. "Eu queria evitar o visual típico de videoclipe, qualquer que fosse o significado disso na época, e passar uma visão bem austera", disse ela ao blog *The Golden Age of Music Video*. "Foi tudo bem minimalista, intencionalmente." (Storyboard: © Warner Bros.)

P. 246-47
Prince e o pai — ambos com mangas de babados — durante a era de *Purple Rain*, provavelmente no *American Music Awards* de 1985. Segundo um amigo, Prince queria que as memórias retomassem o controle da narrativa sobre seu pai, muitas vezes associado ao personagem paterno do filme *Purple Rain*.

P. 248-49
Prince escreveu a letra de "The Beautiful Ones" no verso de uma ordem de serviço do estúdio Sunset Sound, em Los Angeles, onde gravou a maior parte do *Purple Rain*. Como Duane Tudahl descreve no livro *Prince and the Purple Rain Era Studio Sessions* [Prince e as Sessões de Estúdio da Era Purple Rain], a canção foi produzida no dia 20 de setembro de 1983, em uma só sessão de quase 17 horas, em que Prince tocou todos os instrumentos. Como de

costume, antes de gravar os vocais, ele pediu para os engenheiros saírem; o manuscrito da letra sugere que Prince anotou os acordes para guiar a vocalização, alterando alguns versos na hora e cortando outros depois, na edição. Segundo a engenheira Susan Rogers, Prince provavelmente havia escrito a música cerca de dois meses antes, durante o verão. Ele nunca identificou a pessoa de quem a música falava, e a impressão de que havia muitas interpretações equivocadas sobre a canção pode ter inspirado Prince a escrever suas memórias, a que deu o mesmo título. Nunca saberemos ao certo.

P. 250–51
Prince, radiante sob os holofotes durante a turnê de *Purple Rain*, em 1984. (Foto: Nancy Bundt)

Créditos

Folhas de guarda: Foto: © 1985 Allen Beaulieu

Página ii, folha de rosto: Prince soturno © 1986 Joseph Giannetti

Páginas 50–77, imagens digitalizadas dos manuscritos de Prince: © The Prince Estate

Página 96, carteira: © The Prince Estate

Página 100, envelope: © The Prince Estate

Página 102, carteira profissional da Honeywell: © The Prince Estate

Página 105, cartões de visita: © The Prince Estate

Página 108, boletim: © The Prince Estate

Página 111: "Prince's Funnies": © The Prince Estate

Página 113, esboço: © The Prince Estate

Página 119, coleção de bottons: © The Prince Estate

Páginas 122–36, álbum de fotos criado por Prince: © The Prince Estate

Páginas 142–43, Prince na cama com uma guitarra: © 1986 Joseph Giannetti

Páginas 144–46, selfies de Prince: © The Prince Estate

Página 152, recibo do sintetizador: © The Prince Estate

Páginas 154-156, "Soft and Wet": Letra e Música de Prince Rogers Nelson © Universal Music Works em nome de NPG Music Publishing, LLC (GMR)

Página 157, lista de faixas: © The Prince Estate

Página 158, arte do álbum: © The Prince Estate

Página 159, notas/harmonia de "Baby": © The Prince Estate

Página 160, remix de "Baby": © The Prince Estate

Página 161, "One of the Brothers Swanson": © The Prince Estate

Página 163, fotos da sessão de *For You*: © 1986 Joseph Giannetti

Página 166, fotos da sessão de *Dirty Mind*: © 1985 Allen Beaulieu

Páginas 170–71: © Jurgen Reisch

Páginas 172–73: © Warner Bros.

Página 174, Prince fazendo a barba: Foto: © 1985 Allen Beaulieu

Página 175, fotos da sessão de *Dirty Mind*: © 1985 Allen Beaulieu

Páginas 176–77, provas de contato da sessão de *Dirty Mind*, Fotos: © 1985 Allen Beaulieu

Página 178, Prince e Dez, Foto: © 1985 Allen Beaulieu

Página 179, Prince ao vivo, Foto: © 1985 Allen Beaulieu

Páginas 180–81, foto em close da sessão de *Dirty Mind*: © 1985 Allen Beaulieu

Páginas 182–83, "Dirty Mind": Letra e Música de Matthew Robert Fink, Prince Rogers Nelson © Universal Music Works em nome de NPG Music Publishing, LLC (GMR)/Universal Music Corp. em nome de Controversy Music (ASCAP)

Páginas 186-87, fotos de Prince na cama ao telefone: © 1985 Allen Beaulieu

Páginas 188-89, Prince em frente a uma máquina de pinball, Foto: © 1985 Allen Beaulieu

Página 190, "Do Me, Baby": Letra e Música de Prince Rogers Nelson © Universal Music Works em nome de NPG Music Publishing, LLC (GMR)

Página 191, "Vagina": Letra e Música de Prince Rogers Nelson © Universal Music Works em nome de NPG Music Publishing, LLC (GMR)

Página 193, "Party Up": Letra e Música de Prince Rogers Nelson © Universal Music Works em nome de NPG Music Publishing, LLC (GMR)

Páginas 194-95, Prince bebendo algo em um copo de papel, Foto: © 1985 Allen Beaulieu

Páginas 196-97, arte do álbum: © The Prince Estate

Página 199, "1999": Letra e Música de Prince Rogers Nelson © Universal Music Works em nome de NPG Music Publishing, LLC (GMR)

Página 200, "Jamie Starr" e Morris Day, Foto: © 1985 Allen Beaulieu

Página 201: © Warner Bros.

Página 202, "Little Red Corvette": Letra e Música de Prince Rogers Nelson © Universal Music Works em nome de NPG Music Publishing, LLC (GMR)

Páginas 206-15, manuscrito da sinopse de *Purple Rain:* © The Prince Estate

Página 216, lista de músicas: © The Prince Estate

Páginas 222-23, "Let's Go Crazy": Letra e Música de Prince Rogers Nelson © Universal Music Works em nome de NPG Music Publishing, LLC (GMR)

Páginas 224-25, "Computer Blue": Letra e Música de Lisa Coleman, Matthew Robert Fink, Wendy Melvoin, John L. Nelson, Prince Rogers Nelson © Universal Music Works em nome de Warner Grandview Music e NPG Music Publishing, LLC (GMR)/Universal Music Corp. em nome de Warner Olive Music LLC. e Controversy Music (ASCAP)

Página 226, "Darling Nikki": Letra e Música de Prince Rogers Nelson © Universal Music Works em nome de NPG Music Publishing, LLC (GMR)

Páginas 227-29, "Purple Rain": Letra e Música de Prince Rogers Nelson © Universal Music Works em nome de NPG Music Publishing, LLC (GMR)

Página 232, "Raspberry Beret": Letra e Música de Prince Rogers Nelson © Universal Music Works em nome de NPG Music Publishing, LLC (GMR)

Página 235, "Kiss": Letra e Música de Prince Rogers Nelson © Universal Music Works em nome de NPG Music Publishing, LLC (GMR)

Página 237, fotos feitas por Jeff Katz para a capa de *Parade*: © The Prince Estate

Página 238, passaporte de Prince: © The Prince Estate

Páginas 240-45, storyboard do clipe de "Kiss": © Warner Bros.

Páginas 248-49, "The Beautiful Ones": Letra e Música de Prince Rogers Nelson © Universal Music Works em nome de NPG Music Publishing, LLC (GMR)

Páginas 250-51, Prince no palco, foto de Nancy Bundt: © The Prince Estate